Ufa!

vou sobreviver à escola...

Karin Kampwerth

Ufa!

vou sobreviver à escola...

GUIA ANTIMICO

MELHORAMENTOS

Dados Internacionais de Catalogação na Publicação (CIP)
(Câmara Brasileira do Livro, SP, Brasil)

Kampwerth, Karin
Ufa! : vou sobreviver à escola... / Karin Kampwerth ; [tradução Claudia Abeling ; ilustrações Alexander Weiler]. — São Paulo : Editora Melhoramentos, 2010. (Guia antimico)

Título original: So überlebst du die Schule
ISBN 978-85-06-04841-2

1. Literatura juvenil I. Abeling, Cláudia. II. Weiler, Alexander. III. Título. IV. Série.

CDD-028.5

Índice para catálogo sistemático:
1. Literatura juvenil 028.5

Obra conforme o Acordo Ortográfico da Língua Portuguesa

Título original em alemão: *So überlebst du die Schule*
Tradução: Claudia Abeling
Ilustração de capa: Caio Borges/Estúdio Onze
Ilustração de miolo: Alexander Weiler
Diagramação: WAP Studio
Consultoria: Paula Trindade dos Santos

1.ª edição, 2.ª impressão, novembro de 2014
ISBN: 978-85-06-04841-2

Atendimento ao consumidor:
Caixa Postal 11541– CEP 05049-970
São Paulo – SP – Brasil
Tel.: (11) 3874-0880
www. editoramelhoramentos.com.br
sac@melhoramentos.com.br

Impresso no Brasil

Sumário

Abra os olhos e encare!

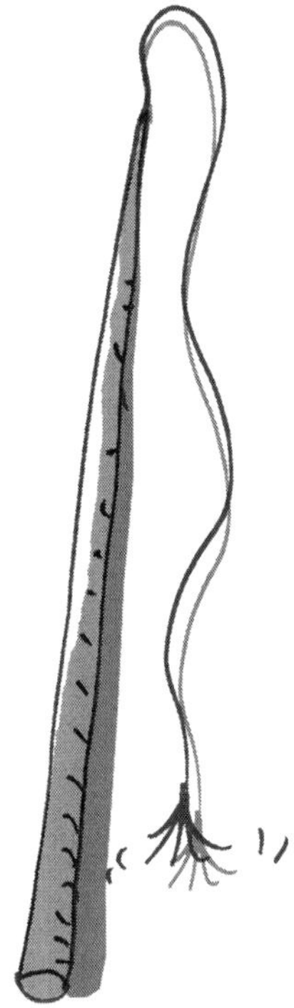

Vamos confessar: é difícil encontrar alguém que ache legal ir à escola. O drama já começa de manhãzinha. O despertador toca sem piedade lembrando da obrigação chata, da qual você gostaria de se esconder debaixo das cobertas. Mas você não tem alternativa, seus pais são irredutíveis. Se você não levantar por conta própria, eles vão acabar jogando-o para fora da cama. Banho rápido, vestir a roupa, tomar café e pegar a bicicleta ou tomar o ônibus lotado.

É provável que nas primeiras horas já exista a ameaça de uma prova, ditado ou outras coisas perversas com as quais os professores querem torturá-lo para verificar o atual patamar das suas notas. O primeiro raio de luz da manhã aparece na forma do intervalo. Finalmente você pode conversar com os amigos, combinar coisas para a tarde ou dar uma volta e jogar seu charme.

Mesmo depois da última aula, o dia escolar está longe de acabar. Antes de você sair com a turma, é preciso duelar com fórmulas de matemática ou com a gramática do inglês, que simplesmente não querem encontrar o caminho até o seu cérebro.

Este manual é dirigido exatamente para todos que não se conformam com essas coisas e, apesar de todo o estresse, querem levar a escola da melhor maneira possível. Aqui você encontra o perfeito guia de sobrevivência para passar pela escola com prazer.

Não vamos ajudá-lo apenas com estratégias de aprendizado, mas também com dicas e truques para você tomar sua sorte em sala de aula nas próprias mãos: como lidar com os professores injustos e como conviver com colegas que dificultam a sua vida ou a dos outros. Lógico que você não deve deixar que os professores se encarreguem sozinhos de organizar seu dia a dia escolar. Por isso você vai encontrar neste livro muitas dicas legais sobre como criar um ambiente alto-astral em sala de aula ou qualquer outro lugar na escola, organizar trabalhos em grupo e planejar a excursão da classe, além de ideias cheias de ação para o intervalo.

Largada para a vida real

Sem dúvida você ouve uma vez ao dia seus pais dizerem que a escola é importante. E não importa se você vai querer ser estilista de moda, atriz ou médica, ou vai tentar uma carreira como dublê de cinema, escritor ou piloto. Sua carreira escolar lhe abrirá o caminho para a profissão dos seus sonhos. Até estrelas de primeira grandeza, como a *top model* Isabella Fiorentino, que terminou o ensino médio, sabiam disso. Da mesma maneira que Franka Potente, atriz dos filmes *Corra, Lola, Corra* e *Identidade Bourne*, que cursou arte dramática depois que terminou a escola. Outros exemplos: a atriz e cantora Marjorie Estiano, que fez curso técnico de Artes Cênicas no Paraná após o término do ensino médio; Reynaldo Gianecchini cursou Direito na Pontifícia Universidade Católica de São Paulo (PUC) antes de ser ator; e o ator Orlando Bloom, que só ficou famoso com o filme *O Senhor dos Anéis* após ter feito Faculdade de Drama. Na área esportiva, o ex-goleiro do time Bayern de Munique, Oliver Kahn, e seu colega nos tempos de seleção alemã de futebol, Michael Ballack, conseguiram seu diploma universitário antes de se tornar astros dos gramados. Uma passagem benfeita pela escola possibilita que seus objetivos profissionais se tornem mais próximos. Porque os chefes sempre valorizam a escolaridade de seus estagiários.

Sem não dá pé

É claro que você já imaginou muitas vezes como seria legal poder dormir até tarde todos os dias e estar livre das incômodas obrigações escolares. Nunca ser pressionado a tirar uma nota alta, acabar as lições de casa e não mais se encrencar com professores perversos. Se, exatamente neste momento, você estiver com problemas sérios na escola e o estresse o deixar maluco, talvez você ache cínico dizer que é preciso não se esquecer de que a formação escolar é uma espécie de privilégio. Nem todas as crianças e jovens deste mundo têm a possibilidade de alcançar sua independência no futuro por meio de uma boa educação. O Unicef estima que em todo o mundo 121 milhões de crianças, entre as quais 65 milhões de meninas, não podem ou não têm permissão para ir à escola.

E não ter nada para fazer seria muito chato, não é? Imagine só como seria difícil viver em nosso mundo moderno sem saber ler ou escrever e sem saber línguas estrangeiras. Apenas isso já é motivo suficiente para não estragar o dia a dia na escola e passar aqueles pares de anos que ainda estão pela frente com um bocado de diversão.

mp3
cd

Estratégias espertas para os preguiçosos

Aprender com inteligência

Você está sentado diante dos livros — e permanece assim durante muito tempo. Mas a matéria simplesmente não quer entrar na sua cabeça. Está mais que na hora de mudar sua estratégia! Neste capítulo você descobrirá como estudar de um jeito mais eficaz e rápido. Afinal, aprender a aprender também é preciso! E, quando dominamos essa técnica, às vezes parece até que reunir o conhecimento é quase uma brincadeira.

Aprender de maneira rápida e indolor

Você está sem tempo para estudar porque ficou falando ao telefone com a amiga ou porque o amigo prefere bater uma bolinha? Não deixe que o pressionem porque, para o sucesso na escola, o lazer é tão importante como o trabalho concentrado à escrivaninha. Se você souber como, conseguirá aprofundar a matéria para a próxima prova ou fazer a lição de casa também durante as compras ou no esporte. É claro que isso não funciona sempre, pois para algumas atividades um "local de estudo sossegado" é imprescindível.

Apesar disso, ninguém está afirmando que para estudar você necessariamente tem de se esconder no seu quarto atrás dos livros. Às vezes, é muito melhor juntar o útil ao agradável.

Conheça agora três dos melhores locais para garotos e garotas estudarem:

Lugares perfeitos para as meninas estudarem

1. Nadar sempre na superfície

Tanto faz se na piscina aquecida ou ao ar livre: pegue suas coisas de natação e encontre-se com suas amigas para selvagens batalhas aquáticas. Os intervalos para descanso são perfeitos para você fazer sua lição de casa. Tudo termina rapidinho, dos exercícios de matemática até as fórmulas de química cheias de pegadinhas, e você ainda pode perguntar à amiga caso não entenda alguma coisa.

2. Fazer compras em inglês

Na verdade você tem mesmo é de melhorar seus conhecimentos de inglês? Sem problemas, durante um passeio de compras com a melhor amiga. Marquem um passeio pela região de comércio mais próxima e combinem só conversar em inglês. Isso vai dar um grande impulso ao seu vocabulário e garantir ao mesmo tempo pontos positivos na sua próxima redação em inglês.

3. Dia de beleza para o estudo

Combine um dia dedicado à beleza com uma amiga. Façam massagens relaxantes uma na outra, cuidem-se com máscaras para o rosto ou para o cabelo. Enquanto sua amiga massageia a tensão para longe das suas costas, dá para ficar lendo numa boa o livro de história ou de biologia da escola. Se for sua vez de aplicar a massagem, sua amiga pode tomar a matéria de você. Vantagem: no momento em que o professor lhe perguntar algo sobre esses pontos, você vai se lembrar do astral gostoso de seu dia de beleza. Estudiosos da aprendizagem descobriram que é mais fácil se lembrar de coisas se a recordação da situação de estudo lhe proporcionar prazer.

Lugares perfeitos para os meninos estudarem

1. Cinema na cabeça

Enquanto as meninas aperfeiçoam seu conhecimento de inglês nas compras, os meninos se divertem com a língua estrangeira no cinema. Então, nada como assistir ao filme de ação mais recente de Hollywood. Entretanto, para repassar seu vocabulário, você deve escolher a versão original.

Dica: a maioria dos filmes em DVD traz uma opção para assisti-los na língua original. A vantagem dos DVDs e dos vídeos em língua estrangeira é que você pode parar o filme em alguns momentos para procurar uma palavra difícil no dicionário ou rever uma passagem mais complicada. Se forem vários amigos assistindo, vocês podem se ajudar mutuamente e também dividir as taxas de locação.

2. Brain-biking

Decorar datas históricas ou regras de gramática exige um grande esforço do cérebro. Se você acabou de estudar a matéria, suba na bicicleta e pedale com vontade. Isso coloca não apenas seus músculos em ação, mas também sua central de processamento no cérebro. Você consegue repetir e memorizar o que acabou de aprender, porque o ritmo do ciclismo fornece a linha mestra para o conhecimento chegar ao seu cérebro. Na próxima aula, se o professor convocá-lo para a lousa, lembrar do ritmo vai ajudá-lo a reproduzir a matéria.

3. Construir de verdade

Quem tem dificuldade com a matemática pode se beneficiar no trabalho prático com os números. Talvez o seu hamster precise de uma nova gaiolinha ou sua irmã goste de uma casinha de bonecas feita em casa. Desenhe um projeto para tal edificação e calcule seu tamanho e as necessidades de material. Isso vai estimular ao máximo sua capacidade de pensamento abstrato e ajudará na resolução de atividades de geometria durante as aulas.

Dicas extras para economizar tempo

Se o horário para estudar está chegando e você não quer deixar de ver os amigos, dê asas a sua criatividade. Imagine a melhor maneira de encaixar a matéria no seu encontro. Isso quase sempre dá certo quando se trata apenas de tomar a matéria por meio de perguntas. Seus amigos podem desempenhar essa tarefa tão bem quanto seus pais. Traga também os livros durante, por exemplo, uma tarde de vídeos ou um passeio de skate. Dá para decorar todo o vocabulário em dez minutos e depois se concentrar no filme, com a missão cumprida. Ou você faz uma pequena pausa durante o skate e usa o intervalo para seus amigos fazerem perguntas sobre os capítulos de biologia ou química. Assim você já vai ter economizado uma porção de tempo e não teve de ficar queimando os miolos sozinho em casa.

A melhor maneira de fazer isso é com um revezamento na hora das perguntas. Um incentivo extra para seus neurônios registrarem tudo rapidamente é lembrar que existe uma recompensa depois: a brincadeira com os amigos. Quanto mais rápido aprender a matéria, mais cedo começará a diversão.

Se você mostrar regularmente aos seus pais o conhecimento que está acumulando, esse método de aprendizado certamente será aprovado por eles.

Aprender com diversão

Uma coisa é clara: sem estudar não dá certo. Não adianta nada se aborrecer por causa do inevitável. E talvez você já tenha percebido: com um pouquinho de diversão na hora de estudar, a coisa fica mais leve. Você termina as tarefas da sua matéria favorita num piscar de olhos, enquanto as outras matérias são uma tortura interminável. Mas como é possível mudar isso e superar nosso espírito de porco interno, que vive tentando nos tirar da escrivaninha? A palavra mágica é motivação.

Mordaça para o espírito de porco interno

Quem não conhece esse espírito de porco interno, que às vezes grunhe bravo, às vezes surge todo sorridente para você com uma coleção de desculpas perfeitas a fim de fazer com que você não estude? A fantasia dele não tem limites para fazer com que todas as coisas sem qualquer relação com a matéria sejam absolutamente sedutoras. Assim, ele o leva a pensar em sua série de TV favorita, que está passando nesse exato momento. Será que você poderia perder o capítulo decisivo apenas para decorar uma lista de novas palavras? Ou agora ele está guinchando impiedosamente para você se lembrar da importância de um treino de futebol que estava combinado com os amigos, já que o próximo jogo do campeonato está perto. O espírito de porco interno consegue até convencê-lo a ajudar imediatamente sua mãe a estender a roupa, o que poderia aumentar suas chances de voltar mais tarde para casa no próximo fim de semana.

Resumindo: o espírito de porco interno é um autêntico pilantra enganador, que deveria estar detrás das grades. Assim você o anularia na hora de estudar.

Jogos de planejamento

Para quando estão marcadas as provas ou os testes? Planeje sempre com um mês de antecedência e monte uma lista detalhada para definir em qual fim de semana você estudará para quais provas. Anote as datas num calendário e registre também o tempo que necessita para estudar. Além disso, você anota nas suas horas livres tudo o que não quer perder de jeito nenhum. Desse modo você pode dividir sua rotina depois da escola perfeitamente entre as tarefas e a diversão. Além disso, fica mais fácil começar a estudar quando se sabe que é preciso ralar por uma hora e, em seguida, existe um tempinho livre para encontrar os amigos.

Dica extra para um *timing* perfeito: quem anota seus horários de lazer e estudo num calendário grande, tipo pôster, em cima da escrivaninha (em vez de numa agendinha de bolso), está bem na foto — inclusive naquela ligação rápida com os amigos. Assim você não perde a visão geral e consegue inserir seus compromissos da melhor maneira possível na programação dos deveres.

Ser realista

Verifique de tempos em tempos se você alcançou seus objetivos de estudo e deixe um tempo de manobra suficiente para poder alterar seus planos em caso de emergência. Assim, planeje regularmente uma hora extra se a matéria não está bem entendida. Mas também se permita uma pausa espontânea nos estudos, porque uma amiga ou um amigo está precisando de sua ajuda com urgência. Somente quem tem jogo de cintura consegue alcançar seus objetivos com motivação em vez de frustração.

Uma recompensa é necessária

Insira seus pais no seu plano de estudo. Com certeza eles ficarão satisfeitos e, por isso, será fácil convencê-los a recompensar você com um ou outro extra por seus esforços. Para que isso não se limite a promessas vazias, faça um combinado com eles: se você conseguir realizar todo o seu planejamento de estudo, eles podem presenteá-lo, por exemplo, com uma ida ao cinema ou um passeio em família, escolhido por você.

Motivação é tudo

Evidente que você quer alcançar o objetivo da classe, a fim de não ficar com uma mancha na sua carreira escolar. Afinal, não deve existir nenhum aluno que repita de ano com convicção e vontade e que aceite o significado da repetência. Basta lembrar que ela pode representar não só um ano a mais na escola para a esperada conclusão, mas uma possível perda dos amigos.

O problema: muitas vezes são os pais ou os professores que lhe insinuam exatamente o contrário. Para eles, você é muito preguiçoso, só se interessa por outras coisas, não tem ambição — talvez essas sejam as censuras mais comuns que os alunos têm de escutar de seus "importantes superiores". Não é de admirar que, desse modo, a motivação para se dedicar de corpo e alma ao estudo fique rapidamente pelo caminho.

Mas não se deixe desencorajar e, principalmente, não duvide de si mesmo. Mesmo se você não está entre os superdotados na escola, mas tem de estudar para valer, a motivação certa faz as coisas darem certo. Sete "truques mágicos" vão ajudá-lo a alcançar seus objetivos mais facilmente. Veja-os a seguir.

Truque 1: Pense rosa

Relacione sua intenção de conseguir notas boas a um sentimento positivo. Você vai achar o impulso correto para estudar quando imaginar os olhares de admiração da sua família por ter melhorado seu 2 para um 6 em matemática e porque na próxima reunião de pais e mestres seu professor vai elogiar sua participação na aula. Quando você perceber que seus esforços são reconhecidos, estudar se tornará algo automático. Porque o elogio ainda é o melhor combustível para seu motor motivacional.

E no momento em que o campo de batalha "escola" não for mais tema de conversa em casa, você certamente conseguirá realizar uma porção de seus desejos junto aos seus pais. Eles vão recompensá-lo com prazer pelo seu sucesso com a permissão para voltar mais tarde no fim de semana, comprar o jeans tão desejado ou participar de um acampamento nas próximas férias.

Truque 2: Nova programação, por favor!

Convença-se de que aprender é divertido, de que a escola é um paraíso e de que boas notas são brincadeira de criança. Mesmo se isso lhe parecer a loucura mais deslavada no início, estará programando seu subconsciente e aos poucos sua frustração se transformará em prazer. Também vale: se você não consegue se desligar dos pensamentos ruins sobre a escola, escreva-os num papel e rasgue-o em seguida. Na psicologia, isso significa um ritual de purificação.

Truque 3: Tudo sob alta pressão

Talvez você faça parte dos alunos que precisam de uma data-limite para realmente se concentrar nos livros. Transforme essa suposta fraqueza numa vantagem, definindo essas datas e registrando-as numa agenda. Especialistas em treinos de motivação são unânimes em afirmar que mesmo esses limites autoimpostos já garantem a pressão necessária para você se dedicar com intensidade aos estudos.

Truque 4: Personal training

Em primeiro lugar, seus objetivos autodefinidos têm de ser realistas. Então, nada de sair estudando feito um louco para substituir o 4 em biologia por um 10. Isso provavelmente não dará certo e vai estragar todo o seu prazer, pois o sucesso pretendido pode não acontecer. Por isso, peça conselhos ao professor da matéria ou ao orientador da classe. Transforme-os em seus *personal trainers* e discuta com eles o que é realista esperar em quanto tempo, e o que você precisa fazer para isso dar certo. Os professores são quem melhor conhecem suas fraquezas e podem lhe dar conselhos úteis sobre as matérias nas quais você precisa melhorar. Além disso, você já está deixando o professor feliz ao demonstrar a ele seu interesse em melhorar suas notas.

Truque 5: Festa para o seu ego

Caso o aplauso dos seus pais e dos professores ainda não esteja garantido porque até o momento só você consegue enxergar sua própria melhoria na escola, pode festejar tranquilamente. Elogie-se e fique orgulhoso por ter conseguido seguir seu plano de estudo durante uma semana, por exemplo. Quem termina as atividades de maneira positiva vai encarar os próximos trabalhos com muito mais prazer.

Truque 6: Trabalho em equipe

Se você tem dificuldade em conseguir estudar sozinho, escolha seus companheiros: trabalho em equipe na hora de rachar não faz parte do plano pedagógico da escola, mas é uma maneira genial de garantir a motivação também em casa. Combine estudar em grupo com alguns colegas de classe. Vocês podem fazer perguntas uns aos outros, reler ou aprofundar a matéria e discutir o que não entenderam. Afinal, duas ou mais cabeças pensam de modo mais concentrado e efetivo do que uma só, fumegando.

O ideal é você marcar dois ou três encontros fixos por semana com seus colegas de estudo. Dessa maneira, diminuem as chances de você tentar se esquivar de estudar por meio de desculpas esfarrapadas.

Dica extra: para que seu trabalho em equipe funcione de verdade, talvez você não devesse estudar necessariamente com o melhor amigo. Assim você evita a tentação de conversar sobre Deus e o mundo, em vez de se ocupar da matéria. Ou vocês planejam intervalos de dez minutos depois de cada sessão de estudos para bater papo.

Truque 7: Nenhuma chance para a consciência pesada

Simplesmente existem aqueles dias nos quais nada quer dar certo e, apesar das melhores intenções, você não consegue cumprir suas tarefas. A saída então é dar um tempo sem ficar logo com a consciência pesada. Vá fazer algum esporte, dê umas voltas de bicicleta ou combine sair para tomar um sorvete com uma amiga. Quem consegue desligar e, desse modo, arejar bem o cérebro, alcança seus objetivos mais facilmente.

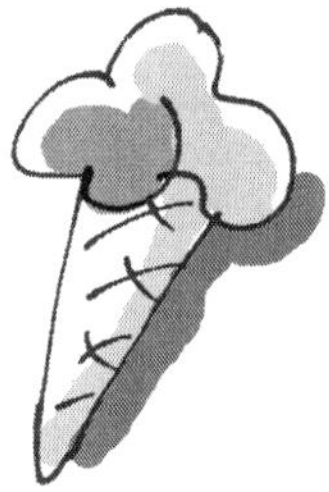

Frases espertas — ou frases para os espertos

Não confie na sorte. O triunfo nasce da luta.

É melhor prevenir do que remediar.

Devagar se vai ao longe.

Quando a cabeça não pensa, o corpo padece.

Truques para se sair bem

Vamos dizendo logo: ninguém terá sucesso na escola só com enrolações e trapaças. E esse também não é seu objetivo. Mas por que temos de dificultar as coisas de maneira desnecessária? Às vezes, só saber que estamos com um papelzinho de cola no bolso para as urgências já é suficiente para enfrentarmos a prova com a autoconfiança necessária. E, no final, conseguimos resolver as questões sem os meios proibidos. Para quem a possibilidade de ser pego em flagrante é mais uma fonte de estresse, o melhor é fugir das trapaças. E, para quem só precisa de autoconfiança, é melhor deixar de lado a ideia do papelzinho e estudar mais.

Trapacear com sucesso — permitido nas emergências

Com um papelzinho de cola você não está apenas enrolando o professor, mas talvez até se surpreenda positivamente. Pois, ao escrever suas "linhas roubadas", você escolherá automaticamente os trechos das matérias que não estão totalmente aprendidos. A condição, naturalmente, é a de você ter se preparado, de modo geral, de maneira adequada. Efeito positivo: ao mesmo tempo, você estará repassando seus pontos fracos e não precisará mais da cola.

Além disso, os professores sabem que os alunos usam cola. Se você não está no pódio entre os melhores em determinada matéria, talvez o professor fique mais de olho em você. Isso pode ter consequências desagradáveis. O pior dos casos é receber uma nota *muito* ruim. Apenas professores piedosos fecham um olho e tiram a cola de você ou lhe permitem refazer a prova num outro momento. Por isso, nada de cola. O que vale é estudar pra valer e ficar bem na foto.

Os tipos de aluno

Aproveitar os pontos fortes de cada um

Muitos caminhos levam a Roma. Algo semelhante também vale para o estudo: há inúmeros meios para chegarmos ao conhecimento. Mas nem todos os métodos são adequados para qualquer um. A maneira como estudamos mais efetivamente depende do tipo de aluno que somos. Neste capítulo você pode descobrir qual é seu caminho mais favorável para obter sucesso nos estudos.

Olhos de águia e especialistas da fala

Viu uma vez e nunca mais esqueceu? Isso é típico de pessoas visuais. Nelas, parece haver uma ligação direta entre os olhos e o cérebro. Outros podem lembrar melhor das coisas que escutaram ou leram. Cientistas descobriram que os meninos geralmente são profissionais da visão e as meninas costumam ser especialistas da fala. Entretanto, aprender melhor com os olhos ou com a ajuda das palavras não depende somente do sexo.

No amor, sabemos faz tempo: os meninos em geral são pessoas visuais, por isso a primeira impressão que têm da aparência de uma menina pode levá-la diretamente ao seu coração. As meninas, por sua vez, geralmente conversam com seu amor para montar uma imagem dele. Os psicólogos Joseph E. Garai e Amram Scheinfeld descobriram que, a partir de catorze semanas, era mais provável que os recém-nascidos meninos mostrassem maior interesse por estímulos visuais e as meninas reagissem de modo mais intenso a sinais acústicos.

E a sequência da pesquisa comprovou: os meninos têm melhores condições de resolver tarefas visuais mais complicadas; por sua vez, as meninas têm a audição mais apurada. Realmente existem no cérebro dois sistemas de funções independentes para o processamento de informações. O sistema verbal transforma as informações numa forma verbal, enquanto o sistema visual trabalha com um mundo de imagens mentais e suposições espaciais.

Esses pontos fortes podem ser utilizados de maneira positiva também na hora de aprender. Ainda assim, a diferenciação entre tipos de aprendizado visuais e verbais não está relacionada apenas ao fato de você ser um menino ou uma menina. Para ter certeza do que vale para você, use o teste rápido das próximas páginas.

Abrir os olhos ou afiar os ouvidos?

Assinale a alternativa que mais combina com você em cada questão.

1. Imagine que você está numa cidade estranha e precisa encontrar um determinado endereço. O que você faria?

A Compro um guia da cidade.

B Peço para algum morador me explicar o caminho.

C Imprimo com antecedência uma descrição do caminho de uma página da internet.

2. Você não tem certeza se *réveillon* se escreve com um ou dois "l". O que você faz?

A Consulto um dicionário.

B Repito a palavra em voz alta algumas vezes em seguida.

C Escrevo a palavra dos dois jeitos num papel e vejo qual parece a versão correta.

3. Sua próxima viagem de férias com seus pais já está marcada. O que você conta aos seus amigos?

A Descrevo nossos planos num e-mail detalhado, para todos.

B No nosso próximo encontro, levo o catálogo da agência de viagens ou um Atlas e mostro o destino.

C Ligo para todos e explico o que vamos fazer.

4. Finalmente você ganha um computador para o seu quarto. Na sua opinião, quais são as características mais importantes da máquina?

A Tela plana e um HD pequeno, para que o computador tenha uma aparência moderna.

B Sistema operacional, tamanho da memória, programas gráficos.

C A recomendação de uma amiga ou um amigo.

Pontuação

	A	B	C
1	1	3	5
2	5	3	1
3	5	1	3
4	1	5	3

Some os pontos de suas respostas e verifique a partir do resultado que tipo de aluno você é.

4 a 9 pontos

Você é totalmente visual. Isso significa que vai aprender melhor se as informações necessárias estiverem em imagens, diagramas ou fotos. Isso também vale para a compreensão de textos difíceis. Você compreende seu conteúdo melhor se montar um mapa conceitual.

Isso é bem simples: pegue uma folha em branco e desenhe no meio um quadrado, onde você escreverá o ponto principal do texto. De lá o caminho no seu cérebro passará por outros quadradinhos, que você ligará ao ponto principal com traços e que serão completados com os pontos secundários.

Continue completando seu mapa conceitual até que tenha registrado todos os detalhes. Como você é uma pessoa visual, certamente compreenderá melhor o princípio da coisa com a ajuda do esquema na página 34.

10 a 14 pontos

Prestar atenção na aula é a principal condição para você compreender a matéria com maior rapidez. Será perfeito se houver uma discussão posterior, pois você estará no seu elemento. Evidente que você também pode tirar proveito de seu talento verbal em casa. Em geral já é suficiente escrever com as próprias palavras aquilo que precisa ser aprendido. Leia tudo em voz alta mais uma vez ou grave uma fita cassete para ouvi-la mais tarde de novo, e a coisa está resolvida.

15 até 20 pontos

Você reúne talentos visuais e verbais na mesma medida. Por isso, o ideal para seu estilo de estudo também é a união de estímulos verbais e visuais para cimentar a matéria na sua central de pensamento. Faça o seguinte: enquanto em geografia ou história imagens e esquemas são suficientes para aprender o conteúdo, faça uso de suas qualidades verbais em inglês, francês ou outra língua estrangeira, por exemplo decorando novas palavras somente ao repeti-las em voz alta.

Mapa conceitual

Os profissionais do estudo apostam nos mapas conceituais. Isso é inteligente, pois ao desenhar um mapa conceitual você ativa os dois lados do cérebro na medida em que, por um lado, visualiza seu conhecimento factual lógico e, por outro, o incentiva com os elementos verbais.

Funciona assim:

Escreva o tema no meio de uma folha de sulfite e destaque-o com uma caneta marca-texto.

Desenhe traços grossos dos lados direito e esquerdo do tema e as linhas com suas palavras-chave.

Continue a ramificar as linhas das palavras-chave com os conceitos relacionados a elas.

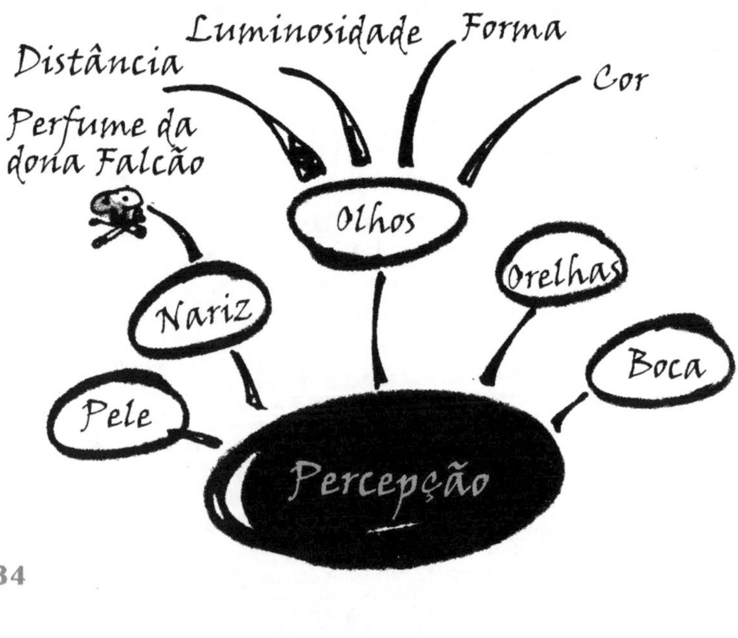

Valorize seu tipo

Mas isso não é tudo. Ao lado das diferenças bem visíveis entre as pessoas visuais e as verbais, os pesquisadores descobriram mais oito tipos de estudantes, dando nomes complicados a eles.

Aqui você poderá checar o que mais lhe pode ser útil na hora de estudar.

Oito outras inteligências

Estudantes do tipo ativo entendem e retêm informações melhor quando conseguem utilizar a matéria da aula diretamente numa discussão, ou seja, de modo ativo.

Dica: grupos de trabalho são seu mundo. Neles você encontrará oportunidade de trabalhar a matéria à medida que a formula com suas próprias palavras.

Estudantes do tipo reflexivo se saem superbem como lutadores solitários. Para eles, é importante primeiro refletir sobre as informações antes de utilizar seu conhecimento durante as aulas.

Dica: reserve no seu plano de estudos dez minutos todos os dias para reler com cuidado as anotações de sala de aula. Em seguida, você estará otimamente preparado para passar para a parte ativa de sua lição de casa.

Estudantes do tipo sensorial estão programados para prestar atenção a fatos e compreendem melhor tudo o que está relacionado ao mundo real.

Dica: encontre relações entre a matéria da aula e a vida cotidiana. Dessa maneira, você pode usar fórmulas matemáticas para criar um planejamento do orçamento doméstico da sua família.

Estudantes do tipo intuitivo não têm nenhum problema com fórmulas e abstrações. Por outro lado, não gostam de repetições, pois estão sempre em busca de novidades.

Dica: como a escola não está livre das repetições das matérias, divida o conteúdo a ser estudado no dia em duas partes. Sempre ao conseguir repetir alguma coisa com sucesso, recompense a si mesmo dando uma olhada nas páginas dos livros com as novas informações.

Estudantes do tipo visual precisam de estímulos ópticos para o centro de memória no cérebro por meio de imagens, filmes, tabelas ou esquemas.

Dica: crie seus próprios esquemas durante suas anotações e registre dessa maneira a matéria. Também vale assistir a documentários em vídeo sobre a matéria.

Estudantes do tipo verbal lembram melhor das coisas que precisam aprender se as escutam ou leem.

Dica: grave as anotações da aula e ouça-as mais tarde.

Estudantes do tipo sequencial compreendem conteúdos complexos quando esses são apresentados como passos de uma sequência lógica.

Dica: arrume suas anotações de maneira linear, registrando a matéria passo a passo.

Estudantes do tipo global absorvem a matéria da aula como uma esponja, sem enxergar as relações lá contidas.

Dica: invente títulos para todas as partes da matéria a fim de montar a relação global. A melhor maneira de estudar blocos de texto extensos ou assuntos novos é ler tudo primeiro na diagonal, a fim de obter uma visão geral.

Há ainda aqueles que possuem mais de uma característica. Podem ser, por exemplo, do tipo visual e intuitivo ao mesmo tempo.

Dica: experimente sempre mais de uma estratégia, pois você pode descobrir que se dará bem com mais de um jeito de agir.

Superando armadilhas

Evidente que os estudantes do tipo verbal têm maior facilidade com línguas estrangeiras, enquanto os do tipo visual têm melhor acesso às figuras ou aos esquemas em geografia ou química. Independentemente do tipo, porém, às vezes você precisa pôr as barbas de molho e estudar coisas que, a princípio, não correspondem ao seu "tipo". Por exemplo, vocabulário, gramática, fórmulas, datas históricas — na escola há uma porção de assuntos imutáveis dos quais é impossível escapar.

Às vezes, você não precisa aprender assuntos ou relações complicadas, mas tem de lidar com coisas que simplesmente são como são. Precisamos decorá-las como o alfabeto ou a tabuada. E, em geral, isso é importantíssimo, porque são a base da matéria ou do assunto como um todo.

Pensar de maneira criativa ajuda!

A melhor maneira de você decorar conceitos, números e fórmulas essenciais e relembrá-los mesmo depois de muito tempo é usar diversos canais de entrada do cérebro. Ou seja, cada conceito está ligado também a imagens, sentimentos e cheiros.

Os artistas da memória desenvolveram alguns truques nesse sentido.

1. Colocar em fila

Com uma sequência de imagens você constrói uma linha mestra à qual pode recorrer com facilidade durante as provas. Dá para acoplar uma sequência numérica em datas históricas, constantes de física ou de matemática, por exemplo, e montar uma imagem dessa combinação.

Funciona assim:

Relacione imagens definidas aos números 1 a 10 ou 1 a 20. O 1 pode ser uma vela acesa, o 8 talvez uma ampulheta e o 10, quem sabe, um tenista rebatendo uma bola. Importante: os conceitos que você ligar aos números permanecerão os mesmos no futuro. A melhor maneira de lembrar a combinação dos números com as imagens é ligá-las a uma sensação.

1 = *vela*
= dedo queimado

2 = *ganso*
= penas macias

3 = *montanhas*
= neve

4 = *veleiro*
= espuma úmida

5 = *cadeira de balanço*
= sensação de aconchego

6 = *saco de compras*
= cheiro de pãezinhos frescos

7 = *bumerangue*
= deslocamento de ar

8 = *ampulheta*
= o escorregar suave da areia

9 = *pirulito*
= o sabor doce do pirulito

10 = *tenista*
= suar na quadra de tênis

Depois de ter organizado sua sequência pessoal de imagens, você só precisa ligar os números e as sensações correspondentes ao conceito que quer decorar. Isso pode acontecer na forma de uma historinha. Dica: quanto mais abstrata e aventureira for a história ligada ao conceito, melhor para você guardá-la na cabeça. Simplesmente porque o fora do comum entra na memória mais rapidamente que o comum.

Exemplo:

Você quer decorar que 1789 foi o ano da Revolução Francesa. Dessa maneira, seria possível imaginar a seguinte história: a vela com a qual você acabou de queimar o dedo foi apagada pelo deslocamento de ar de um bumerangue voando, de maneira que você não consegue enxergar mais nada. Você apenas escuta a areia escorregar na ampulheta e sente o gosto doce do pirulito na língua.

2. Como os antigos romanos

Faça sua matéria passear. Esse truque de memória já era usado pelos senadores da Roma Antiga. É que eles não podiam usar nenhum tipo de notas durante suas falas. Para mesmo assim conseguir se lembrar de todas as informações e argumentos na sequência correta, um desses oradores teria caminhado por Roma afixando o conteúdo de seu discurso em forma de palavras-chave em portões, colunas ou fontes. Quando teve de falar, refez o caminho mentalmente, conseguindo se lembrar de todos os pontos importantes. Você pode usar isso para redações, vocabulário, fórmulas ou conceitos específicos.

Funciona assim:

Escreva o que você tem de aprender em forma de palavras-chave em papéis adesivos. Distribua-os entre os móveis do seu quarto. Quando for a hora de lembrar dessa matéria, pensar no móvel correspondente vai ajudá-lo a encontrar a resposta rapidamente.

3. Como nos contos de fadas

Inventar pequenas histórias usando termos específicos ou nomes próprios é ideal para decorá-los. Se ainda ilustrar sua história mentalmente com imagens engraçadas, você terá prazer em estudar, porque tudo fica mais fácil de ser memorizado.

Funciona assim:

Escreva os conceitos que você tem de estudar numa folha de papel. Monte uma história ao redor deles como num conto de fadas, por exemplo, usando a frase "Era uma vez..." para começar.

Exemplo:

Falando de genética em biologia, a história poderia ser assim: era uma vez um gene recessivo chamado Recessivo que estava sempre triste porque nunca conseguia subir ao pódio dos vencedores. Seu grande adversário, Dominante, como o nome indica, fazia parte dos genes dominantes. E ele aparecia sempre na briga pela cor dos cabelos ou dos olhos. Dominante tinha apenas um objetivo: ganhar.

Com uma historinha dessas, que pode ser continuada à vontade, você vai perceber o essencial da matéria. Vale aqui também: quanto mais maluca a história, melhor você vai conseguir se lembrar do seu conteúdo.

Aprender de um jeito fácil

Independentemente a qual tipo de estudante você pertença, existem várias possibilidades de estudar sem que se perceba. Estudar "de maneira invisível" funciona sem muito esforço e agrega uma porção extra de prazer na cota de trabalho. E o melhor: você consegue aprender com maior facilidade coisas que não querem entrar na sua cabeça da maneira tradicional. Como? Aqui estão as melhores dicas:

1. Vocabulário dos especialistas

Você está se estressando com o inglês ou o espanhol? Esqueça. É possível aprender a língua estrangeira com facilidade ao procurar alguém para se corresponder no país do idioma-problema. Ao trocar correspondências do modo clássico, por carta, ou melhor ainda por e-mail, você vai superar as dificuldades da gramática e da escolha de palavras mais rápido do que sonhava. Isso certamente vai aparecer na próxima chamada oral ou redação. Talvez essa "ligação interesseira" transforme-se até numa amizade legal e, ao visitar seu correspondente, você pode deixar seus conhecimentos da língua em ponto de bala.

2. Para vítimas da moda

Para alegrar as meninas inteligentes: evidente que as revistas mais transadas de moda são editadas também na Inglaterra, França, Espanha ou Itália. Em livrarias ou bancas bem sortidas você encontra uma grande seleção de revistas de moda e de estilo de vida, com as quais não só vai avaliar sua percepção das tendências como vai colecionar, sem querer, uma porção de experiências linguísticas. Atenção: os meninos também podem melhorar seu vocabulário com revistas. Tanto faz se forem sobre motos, carros ou computadores — há edições estrangeiras sobre todos esses temas.

3. Diversão de férias

Sua família está planejando as férias? Se vocês tiverem condições financeiras de ir um pouco mais longe, que tal um *tour* pelos Estados Unidos ou por algum país da América Latina? Seus pais certamente vão achar o máximo se você se oferecer para fazer o papel de guia turístico na cidade principal do seu "país linguístico". Você pode planejar as férias de antemão e começar procurando os pontos turísticos mais interessantes na internet — naturalmente em páginas escritas na língua do país escolhido. E é claro que será muito legal se você conseguir fazer o pedido de comida para todos no restaurante ou perguntar com naturalidade o caminho para um nativo, sempre no idioma local.

Fator de estresse: professor

Assim você coleciona pontos positivos

Você até acharia a escola menos terrível se não houvesse aquelas pessoas pérfidas lá na frente, junto à lousa, que sempre esfregam as mãos com prazer quando o pegam desprevenido. Elas têm tudo para trabalhar como carrascos, mas sua profissão é professor. Que bom que nem todo mestre é desse calibre! Mas você também tem de se dar bem com os exemplares desagradáveis. Você vai descobrir como neste capítulo.

Ser gentil sem ser pegajoso

Muitas vezes não é apenas o horário apertado ou o tanto de matéria que é preciso estudar que estraga toda a graça da escola. Talvez você até seja daqueles alunos que não têm problemas para estudar. Mas se não existissem esses professores pérfidos! Eles podem contribuir para que as coisas na escola não rolem de maneira tão redonda quanto você gostaria. Mas, em vez de ficar invocando o tempo todo com esses representantes especiais do reino da pedagogia e desprezá-los com seu aborrecimento explícito, às vezes é melhor viajar num céu de brigadeiro.

Afinal, o ditado "Quem semeia vento colhe tempestade" também vale para os professores. Então, não vai fazer mal algum colecionar alguns pontos positivos na escala de afeição deles. Além disso, você não iria tratar bem alguém que vira os olhos quando você fala alguma coisa ou que boceja de propósito com uma gentileza explícita, ou iria? Acontece o mesmo com os professores. Mas, se você consegue irradiar algum tipo de simpatia no professor, a escola será um tanto mais fácil e você poderá caminhar um pouco mais despreocupado.

Mas também é importante não perder a dignidade diante dos colegas e não parecer um lambe-botas ou cordeirinho do professor. Usando estratégias espertas, você consegue juntar pontos positivos entre os professores "chatos de plantão" de maneira quase imperceptível — e são esses pontos que o protegerão de uma nota ruim, mesmo que você não se mate de estudar. Simplesmente desenvolva seu plano de simpatia. Mas isso está longe de dizer que você vai tolerar todo tipo de injustiça e não vai revidar nada! Se um professor mirou em você especialmente e o "presenteia" regularmente com suas malvadezas, é evidente que você deve fazer algo a respeito. Entretanto, é preciso muita sensibilidade: uma conversa franca com esse "monstro" pode ser a solução.

Tornar-se o queridinho do professor passo a passo

Olha o passarinho!

Um pequeno sorriso ou um cumprimento simpático catapultam você a esferas mais amigáveis de consciência do professor. Como ele está seguro de que você domina os princípios básicos da gentileza, também vai mostrar-lhe sua boa educação. E se essa impressão positiva tiver se instalado no professor, ela também se manterá mesmo se, de tanta monotonia, você se comportar de modo totalmente errado durante a aula. Provavelmente o professor vai relevar isso, pois ele sabe que, no fundo, você é um aluno simpático, bem-educado.

Acrobatas das amenidades

"Bonito dia, hoje!" ou "Legal o senhor vir sempre de bicicleta" — pequenas amenidades adoçam o cotidiano escolar do professor, que, afinal, muitas vezes também é puxado para ele. Quem se mostra interessado nessas supostas banalidades passa a impressão de não ser um aluno de mal com a vida. Cuidado: claro que a transição é sutil e alguém poderia achar que os "bonitos dias" e afins não são nada mais que comentários pegajosos. Mas você não precisa sair falando justamente na frente dos colegas de classe. Às vezes, entretanto, uma frase dessas tem ainda um efeito colateral positivo sobre seus colegas, se você a soltar na frente da turma reunida: a atenção do professor pode ser dispersada por tanta simpatia, de maneira que os outros têm a chance de dar mais uma olhadinha nos livros antes de começar a chamada oral.

Pequenas gentilezas

Buscar o mapa na sala de materiais, montar o projetor ou o *datashow*, apagar a lousa — durante um dia de aula, há diversas coisas que você pode fazer e com as quais exibir sua boa vontade em ajudar. Os professores chamam isso de "competência social". Para você, significa apenas um pequeno esforço que inclusive o recompensa com uma minipausa durante a aula — e essa também é a desculpa perfeita para sua atitude, caso os colegas comecem a achá-la muito pegajosa.

Levantar a mão!

Você fez a lição de maneira especialmente caprichada? Agora é hora de levantar a mão e se apresentar voluntariamente para apresentá-la. Seus colegas vão lhe agradecer pois eles não estão aptos a isso. Você certamente vai ganhar pontos positivos extras e uma nota boa. Os professores sempre veem com bons olhos quem mostra interesse durante as aulas e tem disposição de assumir tarefas de maneira voluntária. E, se você levantar a mão algumas vezes seguidas, é provável que receba uma espécie de "salvo-conduto" por um bom tempo, pois o professor estará convencido de que você está sempre com as tarefas em ordem.

Atividades extracurriculares = claro que sim!

Aproveite a oferta de atividades extracurriculares de sua escola. A participação, naturalmente, é voluntária. Apesar disso, no curso de teatro, por exemplo, você não estará só sob as luzes da ribalta, mas também sob a dos professores, que vão reconhecê-lo como alguém interessado e engajado. Ao mesmo tempo, você com certeza vai se divertir bastante com as atividades de lazer da escola, porque é possível que faça novos amigos.

Dez coisas que você nunca mais deveria ouvir do seu professor

Há coisas que os professores dizem que são totalmente fora de contexto e que os alunos, sinceramente, poderiam passar sem. Aqui está uma lista com as dez maiores maldades:

1. Quando sua prova foi um desastre: "Por que você não entregou logo a folha em branco?".

2. Quando você pede dispensa da aula de Educação Física: "Ora, de novo menstruada?".

3. Quando você fica vermelho ao ser chamado: "Pela cor do seu rosto você não vai ficar no azul".

4. Quando você precisa ir ao banheiro: "Tenho a impressão de que você está eliminando também seu líquido cerebral".

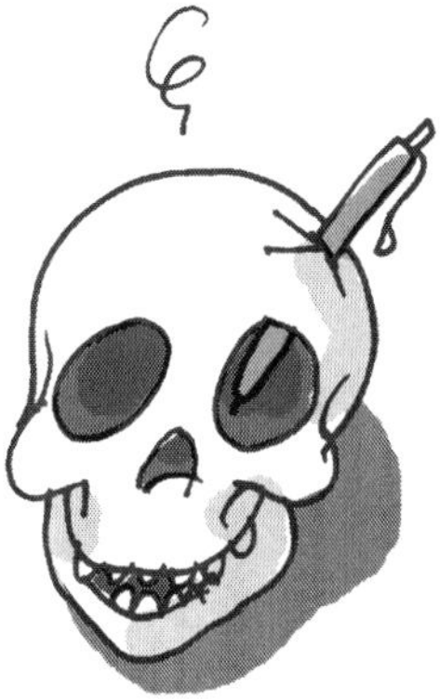

5. Quando você não entende alguma coisa: "Sua cabeça só serve para evitar que entre chuva no pescoço".

6. Quando a classe está um caos: "Estou numa clínica para gente com distúrbios de comportamento?".

7. Quando a última aula é cancelada: "Então vocês têm tempo para umas lições extras".

8. Quando um ditado-surpresa é anunciado: "Eu só queria saber tudo o que vocês não sabem".

9. Quando seu boletim não está uma maravilha: "Se eu tivesse tirado suas notas com o dado, certamente a média ficaria melhor".

10. Quando o professor quer corrigir a lição: "Você está sentado confortavelmente? Então levante-se e venha à lousa".

Quando o professor está de olho em você

O lado bom em primeiro lugar: somente o fato de serem professores não os tornam pessoas más. Há uma porção de pedagogos que realmente merecem esse nome. Eles dão aulas maravilhosas e são capazes de encher de vida mesmo os temas mais maçantes. Escutam os alunos, preocupam-se com eles e compreendem quando as coisas não dão totalmente certo às vezes. São pessoas com quem conversar quando você tiver problemas ou preocupações, e dão dicas de como sair do fundo do poço das suas notas. Ainda garantem um bom astral na classe, pois vivem aparecendo com ideias para acampamentos emocionantes ou aulas práticas com excursões e projetos interessantes. Existem professores engajados de todas as idades, do assistente ao diretor. Se você conseguir pegar alguns desses docentes de primeira será ótimo, pois isso torna o cotidiano escolar bem mais amigável.

Infelizmente, porém, há também aqueles professores que a gente imagina que cabularam as aulas de pedagogia durante a faculdade. Durante as aulas, eles não fazem nenhum esforço para esconder que os alunos fazem parte daquele tipo de gente com a qual eles não simpatizam muito e que a docência não é a profissão dos seus sonhos. Infelizmente você também precisa se dar bem com esse tipo de professor, porque não dá para escolhê-los como uma matéria optativa. "Fechar os olhos e ir em frente!" é um dos conselhos mais repetidos pelos pais nessas horas. Isso pode funcionar, se for apenas o estilo da aula que irrita você. Mas, se também acontecem sacanagens ou até injustiças, não há nenhuma lei que diga que você precisa aguentar isso. Os alunos têm direito a ser tratados de maneira adequada e não ser insultados. Por isso procure o apoio pedagógico de sua escola e desabafe! Afinal de contas, um motim contra o professor não vai resolver!

As coordenadoras pedagógicas têm também a função de mediar problemas de relacionamento entre aluno e professor. Mas lembre-se sempre de respeitar a hierarquia da escola (primeiro converse com o "monstro", depois com a coordenadoria, e só então apele à direção).

Assim você se defende com sucesso...

...se o professor é injusto na hora das notas

Tanto faz se na chamada oral ou na prova — se você não concorda com a sua nota, não comece logo a reclamar em voz alta. Melhor: analise os motivos da avaliação ruim e anote em poucas palavras por que você não pode aceitar isso. Combine uma reunião com o seu professor o mais rápido possível, para a qual você pode, numa situação de emergência, trazer também seus pais como um apoio. Mostre seus argumentos que indicam uma nota melhor ao professor. Para reforçar sua opinião, você pode mostrar como comparação uma prova de nota mais alta de algum colega, mas que seja parecida com a sua. Entretanto, lembre que seu professor não vai mudar a nota que ele deu sem resistência. Se ele não conseguir de jeito nenhum convencê-lo de que agiu corretamente, ou se você tiver a sensação de que, nessa matéria, você em geral tira notas mais baixas que os colegas com provas semelhantes, procure a coordenadoria pedagógica. Se existirem motivos que confirmem suas suposições, ela poderá fazer com que sua prova seja reavaliada. Em se tratando de uma nota de chamada oral com a qual você não está nem um pouco de acordo, naturalmente é difícil comparar seu desempenho com o de um colega. Num caso assim, sugira ao professor repetir a chamada. Evidente que é ele que escolhe o ponto.

...se um professor insulta você

Claro que às vezes pode acontecer de o professor perder as estribeiras e dizer absurdos para você ou fazê-lo de bobo diante da classe. Se você estiver absolutamente seguro de que o seu comportamento não deu qualquer motivo para o insulto, uma conversa direta também ajuda nesse caso. Depois da aula, vá falar com o professor e explique a ele que você se sentiu profundamente magoado por causa do que ele disse. Se não tiver coragem, procure o representante da classe. Ele pode acompanhá-lo na conversa e confirmar sua mágoa.

Se isso não funcionar ou se você for vítima frequente de suas maldades, a coordenadora pedagógica também aqui é a melhor opção para ajudá-lo. Ela pode fazer um meio de campo entre vocês, pois muitas vezes o comportamento do professor não tem nada de intencional.

Seus pais também podem ajudá-lo, colocando o assunto em pauta na próxima reunião. Muitas vezes esse tipo de encontro incentiva o professor a examinar seu comportamento em relação a você com mais atenção, e ele certamente vai se controlar da próxima vez.

...se o professor passa lição demais

Lógico, no começo toda lição parece ser demais. Mas olhando bem existem professores que realmente soterram seus alunos com tarefas extraclasse. Desse modo, você logo fica cansado e as outras matérias podem ficar pelo caminho. Em primeiro lugar: verifique se você é o único aluno da classe a se sentir sobrecarregado ou se a maioria é da mesma opinião. Se esse for o caso, nos próximos dias vocês devem fazer a lição com um cronômetro e anotar exatamente quanto tempo demoram para terminá-la. Confrontem o professor com esse horário diferente. Se ele não se abalar, procurem aliados — vai ser fácil encontrá-los entre os componentes da coordenadoria pedagógica, pois essas pessoas sabem que a vida não se faz apenas de lições de casa. Eles vão dar uma palavrinha com o professor alucinado por lição e vocês serão aliviados com sucesso.

Sem chance para notas ruins

Se você tiver um bom relacionamento com a maioria dos professores, ótimo. Apesar disso, certamente há um ou outro professor que não está na mesma sintonia que você. E os professores sentem o mesmo em relação aos alunos. Eles têm seus alunos prediletos e outros, por sua vez, que não estão no topo da sua escala de simpatia. Felizmente a maioria dos professores consegue resguardar sua opinião para si. Entretanto, há alguns que não escondem não ter nenhuma motivação para dar uma aula interessante. E outros que parecem ter sempre prazer especial em estressar os alunos com avaliações.

Os cinco tipos de professores mais complicados

Os professores não são todos iguais. Com alguns, o clima legal surge espontaneamente, mas você não tem nada em comum com outros e eles o irritam de todas as maneiras possíveis. Para que, apesar disso, você não deixe que eles o subjuguem, é importante conhecer os cinco tipos de professores mais complicados. Somente quem sabe avaliar muito bem seu adversário e conhece todos os seus pontos fortes e fracos sabe também qual a melhor maneira de lidar com ele.

O preferido dos alunos exemplares

Ele é o preferido de todos os CDFs, porque só dá uma chance àqueles que o ficam rodeando o tempo todo e que, de preferência, ainda carreguem sua pasta até a classe. Dessa maneira ele não vai se incomodar em, às vezes, não perceber uma bola fora na hora do estudo. Por outro lado, tem menos paciência com os alunos que ficam perguntando sobre trechos da matéria que não entenderam ou que não acham lógicos. Isso o irrita, pois perturba o ritmo de sua aula e porque talvez ele tenha de alterar o planejamento da matéria.

Para você se dar bem com ele

Simpatia é a melhor arma para enfrentá-lo, pois com um sorriso amável você o deixa encurralado. Durante a aula, o lema é: "Não chamar a atenção de jeito nenhum!". O melhor a fazer é não fazer muitas perguntas, mas limitar-se a fazer anotações minuciosas. Mais tarde, esclareça os pontos em aberto com os colegas.

O sensível

Ele fica fora de si por qualquer coisa que não transcorra de acordo com o planejamento. Se a classe está mais barulhenta, ele reage irritado com castigos, provinhas-surpresa ou uma porção extra de lição de casa. Tudo isso apenas porque faz questão da harmonia total e não consegue lidar direito com os humores dos alunos. Ele tem medo de não saber como fazer a sala voltar à calma por meio de temas interessantes.

Para você se dar bem com ele

Fique na sua quando a classe estiver imersa no caos. Talvez você até consiga acalmar os colegas com algumas palavras decididas. Se alguém o acusar de CDF, você pode dizer que simplesmente não está mais a fim de outras rodadas de chamada oral ou mais lição. Ao mesmo tempo, o professor do tipo sensível vai esticar suas antenas ao máximo e guardar de modo positivo quais alunos estiveram do seu lado. Mais ainda: se ele não precisar usar castigos pesados para conseguir silêncio e calma, toda a classe vai se beneficiar.

O carrasco

Seu lema é: "Estudar, estudar, estudar". Em vez do bom-dia, ele prefere atirar sobre a mesa a matéria com a qual a classe vai trabalhar. Segue o roteiro das aulas de maneira super-rígida e nenhuma sugestão de aluno de abordar outro tema, ou mesmo um pedido de repetição, vai tirá-lo de seu planejamento. Ele nem acolhe a sugestão de aprofundar outro aspecto da matéria pelo qual seus alunos mostraram especial interesse.

Para você se dar bem com ele

Coloque as lições desse professor no topo de sua lista de prioridades e as faça em primeiro lugar. Afinal, ele checa tudo sem piedade e está sempre tentando descobrir alguém com preguiça de estudar. A partir do momento em que ele estiver convencido de que você cumpre com sua parte de maneira satisfatória, vai prestar atenção em outra pessoa e deixá-lo em paz por um bom tempo. Apesar disso, não se esqueça: o seguro morreu de velho.

O revanchista

Aparentemente ele é compreensivo e dá valor a um relacionamento amistoso com os alunos. Estes, por sua vez, acabam "folgando" muito rápido com o professor e começam a levar a matéria de modo muito despreocupado. Você verá o outro lado da moeda mais tarde, na hora da distribuição das notas. Nesse momento, a tranquilidade dele acaba e ele se torna implacável.

Para você se dar bem com ele

Minimalismo absoluto na hora de aprender e participar da aula também não é o suficiente para ele. Falando claramente: embora sempre esteja de bom humor e pareça compreender todas as pessoas, ele é um bom observador de desempenhos. E valoriza principalmente a constância. Ou seja: apesar de ele dar valor a uma aula divertida, você deve estudar pelo menos o essencial da matéria, para não abrir flancos vulneráveis.

O discriminador

Professores que preferem de maneira aberta um determinado tipo de aluno devem existir em todas as escolas. É o professor de matemática que simplesmente acredita que as meninas não conseguem lidar com os números. Ou a professora de francês que já descarta qualquer talento para línguas nos meninos. A bem da verdade, esse é um caso de discriminação para se levantar na próxima reunião de pais na escola, porque os alunos estão sendo classificados em absolutamente incapazes ou estudantes-modelo.

Para você se dar bem com ele

É preciso um trabalho de convencimento, principalmente quando seu desempenho escolar não corresponde aos pré-julgamentos dele. A melhor hora de fazer isso é participando oralmente na aula. Com algumas colocações precisas, você vai surpreendê-lo mais rapidamente do que com uma nota boa na prova, que talvez ele possa encarar como um "acidente".

Atenção:

O que os professores acham de você?

Simpático e engajado, preguiçoso e entediado, bagunceiro ou palhaço? Respondendo a este questionário, você consegue descobrir qual é a impressão que seu professor tem de você:

1. Seu professor quer passar um teste, embora vocês já tenham tido um nesse dia. Como você reage?

A Não reajo. Afinal, eu estudei e vou conseguir me concentrar por mais quinze minutos.

B Eu vou explicar os direitos dos alunos a ele: duas avaliações no mesmo dia são proibidas.

C Eu incentivo a classe a fazer um boicote.

2. Sem querer, você enxerga seu professor do outro lado da rua. Como você se comporta?

A Eu aceno simpaticamente.

B Vai depender do quanto eu gosto dele. Finjo que não o vi ou o cumprimento de um jeito amável.

C Faço de conta que não o vi. Não há lugar para professores no meu tempo livre.

3. Você descobre que metade da sua classe não entendeu uma das perguntas da lição de casa. Você pede explicação?

A Lógico. Afinal, é meu interesse ouvir a matéria novamente.

B Deixo para os outros. Eu não preciso ficar mostrando que também não entendi.

C Apenas se ninguém se manifestar.

4. Você esqueceu da lição de casa. Como diz isso ao professor?

A Não digo. Eu apenas torço para ele não perceber. Se não, preciso pôr as barbas de molho e levar a bronca.

B Eu simplesmente me desculpo pela lição não feita.

C Eu invento uma desculpa, do tipo o 85.º aniversário da minha avó.

5. Seu professor comunica a oferta de cursos extracurriculares da escola. Você vai participar?

A É mais provável que eu solte um gemido e explique a ele que um aluno que já estuda 50 horas por semana não pode fazer mais nada na escola.

B Eu digo que vou conversar a respeito disso com meus pais.

C Provavelmente não consigo me decidir, porque acho todas as atividades superlegais.

Avaliação

Some os pontos correspondentes às suas respostas. De acordo com o total, leia o resultado do seu texto.

15 a 22 pontos

	A	B	C
1	3	5	7
2	3	5	7
3	3	7	5
4	7	3	5
5	5	7	3

Você não precisa se preocupar com sua imagem perante os professores. Simpatia e gentileza são visíveis e, ao mesmo tempo, você parece interessado nas aulas. E os professores também gostam de seu estilo honesto quando calha de você esquecer alguma coisa. Dá para colecionar pontos positivos mesmo quando você for o único aluno a pedir para repetir a explicação da matéria. Você simplesmente tem jeito de lidar com os professores e consegue, mesmo nas situações difíceis, encontrar o equilíbrio entre a resistência e a participação. Parabéns, vai ser muito difícil algum professor dificultar sua vida na escola.

23 a 29 pontos

Às vezes, você gosta de fazer o papel de palhaço da classe. Com uma observação engraçada ou uma desculpa esfarrapada sua, a diversão da classe está garantida. Mas a imagem que o professor tem de você não é das melhores, porque ele lembra mais de seus apartes cortantes ou maliciosos do que das suas contribuições para a solução das atividades propostas. Isso também vale para os seus colegas, que esperam que você logo se ocupe das injustiças. Tudo bem mostrar um pouco de resistência às vezes, se ao mesmo tempo você mostra também interesse e participação na escola.

30 a 35 pontos

OK, você não deixa a melhor das impressões entre os professores. O que eles chamam de preguiça ou talvez até de insolência, às vezes, por certo tem outros motivos. Pode ser que você não consiga acompanhar a matéria porque lá atrás se formaram algumas lacunas de ensino. Mas virar as costas para os professores ou torcer para eles não o apanharem por você ter deixado de fazer alguma coisa só iria jogar ainda mais para baixo a impressão que eles têm de você. É melhor perguntar tranquilamente quando você não tiver entendido algo e assumir logo que não fez a lição e o porquê. Além disso, um pouco de simpatia de sua parte fará que o professor o considere, ao menos, motivado e engajado.

Astral legal

Assim a escola é divertida

A melhor coisa da escola são, sem dúvida, os intervalos, quando conseguimos nos divertir a valer com os amigos. Mas, infelizmente, não existem apenas colegas legais; alguns chegam a desenvolver até um verdadeiro repertório de maldades. Você vai descobrir nas próximas páginas como se defender das baixarias de todos os tipos e transformar rapidinho a escola de uma simples fábrica de estudar num lugar de alegria e diversão.

Não ao bullying

Infelizmente muitas vezes são os próprios colegas que não facilitam as coisas para a gente pular de manhã cedo da cama e superar mais um dia de aula. É assustador saber que o número de vítimas de *bullying* ou *mobbing* (ou assédio moral) na escola está crescendo sem parar. Isso fez com que psicólogos escolares de muitos lugares resolvessem desenvolver várias estratégias para ajudar os alunos a se defender e tirar a força dos inimigos na sala de aula. Mas nem toda inimizade significa *bullying*.

Bullying significa desdenhar sistematicamente o outro, transformando sua vida quase num verdadeiro inferno. Se você estiver se sentindo vítima de ataques de *bullying*, deve procurar um professor de confiança e também falar com seus pais. E, o que é mais importante, de maneira alguma você, por medo, deve aceitar ser alvo de violência ou de tentativas de chantagem. Se algum aluno o ridiculariza o tempo todo por algum motivo específico também pode ser *bullying*. Em qualquer dos casos, você precisa procurar ajuda profissional. Se seus professores não entenderem a situação, peça ajuda a outras pessoas.

Bullying

O termo veio do inglês e significa "insultar, ofender". Os especialistas chamam de *bullying* uma determinada forma de violência verbal ou até física, aberta ou escondida, que é exercida de maneira contínua. Seu objetivo é o banimento da vítima de uma comunidade social, como o agrupamento da sala de aula.

O que é bullying

A vítima sente-se constrangida em lidar com os ataques de *bullying*, pois afinal os maldosos têm um único objetivo: destruí-la. Para isso lançam mão de ofensas traiçoeiras, difamações, humilhações, ameaças e também assédio sexual. Os alunos são incomodados de propósito durante um período longo, xingados e mantidos a distância, são também dedurados aos professores e aterrorizados ao telefone. Em casos extremos são espancados ou torturados e seus objetos são destruídos. No começo, quem sofre um assédio moral e físico desses permanece em silêncio, porque procura a culpa também em si próprio. Os efeitos do *bullying* sobre a vítima são extremos e levam da perda da autoestima até a distúrbios de concentração e sono, falta de apetite, pesadelos e dor de barriga. Alunos afetados se retraem e não querem mais ir à escola. O desempenho escolar cai. Se você tem a impressão de estar sendo vítima de uma campanha de *bullying*, ou se acha que um dos seus colegas está nessa situação, existe o que fazer.

Se você é vítima...

...prepare-se

Repasse mentalmente as situações de assédio ou converse a respeito com seus melhores amigos. Você precisa também saber claramente qual risco está disposto a correr. Se existe ameaça de violência ou se você é atacado de verdade, é melhor procurar ajuda imediatamente em vez de não fazer nada.

...permaneça calmo

Se você mostrar medo ou pânico, seus oponentes podem se sentir ainda mais desafiados. Por outro lado, porém, se conseguir manter a calma, você terá uma ação calmante sobre os rivais.

...olhe nos olhos do seu agressor

Por meio do contato visual você gera, por assim dizer, um canal de comunicação com o agressor. Fale com ele de maneira audível e clara, mas evite ofendê-lo ou xingá-lo, a fim de não incitá-lo ainda mais.

...procure ajuda

Se houver espectadores, fale diretamente com eles e peça-lhes ajuda. Isso funciona se você disser assim, por exemplo: "Você, de casaco vermelho, por favor me ajude". Se a plateia do incidente for de colegas da escola, dirija-se a eles pelo nome e peça-lhes apoio.

...escreva um diário sobre o *bullying*

Registre num caderno cada ofensa ou ameaça e cada incidente que reforce sua suspeita de *bullying*. Descreva também o que você sentiu a cada vez. Com essas anotações em mãos, os professores de confiança e os seus pais terão mais facilidade em reconhecer a dimensão do assédio e implantar a ajuda necessária.

Se a vítima é um colega...

...preste atenção nos sinais

Mesmo se você não for testemunha direta de ataques ou de terrorismo psicológico, é possível reconhecer a partir de alguns sinais se um colega está sofrendo de *bullying*. As vítimas, por exemplo, costumam faltar muito às aulas ou chegam atrasadas por medo de terem de se confrontar com os assediadores no caminho da escola. Depois do fim das aulas ou durante o recreio, elas também ficam mais tempo na classe que os outros alunos.

...não apóie os agressores

Evite piadas à custa da vítima de *bullying* mesmo quando ela não está entre seus melhores amigos. Deixe claro para todos que você não assiste ao *bullying* em silêncio.

...torne-se ativo

Se você tem a impressão de que a vítima de *bullying* está cada vez mais isolada e com medo de procurar ajuda, procure o orientador da classe ou um professor

de confiança e explique sua suspeita. Ofereça seu apoio pessoal ao colega.

...envolva sua classe

Descreva suas observações ao professor durante a aula e estimule uma discussão a respeito.

...procure a direção da escola

Talvez vocês possam organizar um projeto sobre o tema *bullying* na escola. Isso também pode servir para prevenir um eventual caso de *bullying* no futuro. E seus colegas poderiam se conscientizar do problema e sensibilizar-se pelos casos que envolvem assédio psicológico.

Chega de baixo-astral

A lista das maldades de alunos contra alunos é longa e vai de atrapalhar a aula, embora os outros queiram estudar, podendo chegar à violência e ao roubo. Nem toda maldade que acontece com você ou com seus colegas significa *bullying*. Quem se porta constantemente de maneira idiota frente a você pode também querer apenas chamar atenção. Isso vale principalmente para o relacionamento entre meninos e meninas. Mesmo assim, não há motivo para aceitar as grosserias dos colegas.

No começo da puberdade, são principalmente os meninos que tendem a falar bobagens para as meninas que lhes agradam. Simplesmente porque eles mesmos estão surpresos com seus sentimentos e ainda não estão em condições de lidar com eles. Mesmo se nesse caso valer o ditado "Amores arrufados, amores dobrados", um comportamento grosseiro desses pode irritar bastante. Mas mesmo as meninas podem acabar com a paciência dos outros com seus cochichos e segredinhos. Às vezes acontecem até verdadeiras guerras entre as meninas. Muitas vezes o ciúme tem um papel importante nessas horas. Talvez uma menina queira ofender a outra apenas porque tem a impressão de que não terá chance de entrar para a turma.

Com um pouco de sensibilidade e com as dicas a seguir, você pode eliminar as vibrações negativas da sala de aula.

Se um colega vive perturbando

Quando alguém da sua classe transforma tudo sempre num caos, uma hora a diversão acaba. Principalmente quando é o momento de repassar a matéria para a próxima prova ou o professor de vocês gosta da noção das corporações de ofícios da Idade Média e pune a classe inteira por causa da ação de apenas um indivíduo.

Isso ajuda: Uma conversa clara pode trazer o encrenqueiro de volta à realidade. Porque ele vai perceber que seu comportamento não está agradando, embora esse seja provavelmente seu maior objetivo. Talvez ele esteja pouco integrado à comunidade da classe, de maneira que tenta conseguir a atenção dos outros. É legal você arranjar aliados para apoiá-lo durante a conversa. Mas cuidado: se vocês querem trocar uma palavra com o encrenqueiro, então não apareçam em bando, mas escolham apenas um ou dois porta-vozes. Senão ele facilmente se sentirá ameaçado, ainda mais excluído, e aí mesmo que não haverá diálogo. Faz muito mais sentido vocês tentarem integrar melhor o encrenqueiro na classe.

Se existe uma turma de encrenqueiros

Incomodar os colegas não precisa tomar logo as dimensões de *bullying* para torrar a paciência de qualquer um. Mesmo se as provações nas costas dos outros não tenham a intenção de ficar ofendendo alguém o tempo todo e arrasá-lo, e mesmo se a vítima não é atacada de outros modos, isso pode deixar o clima da classe bem pesado.

Isso ajuda: Se você é o provocado, fale com os colegas envolvidos. Explique-lhes que sabe o que está acontecendo. Em geral, isso já basta para que a maioria deixe as provocações de lado. Fale diretamente com o líder das provocações sobre o comportamento dele. Pergunte o que ele tem contra você. Assim vocês podem talvez esclarecer eventuais mal-entendidos e chegar a uma boa convivência.

Apesar disso, sinceridade! Certamente você também provoca de quando em quando algum colega não especialmente próximo. Às vezes, provocar é natural. Principalmente quando se está desabafando a raiva de alguém. A solução mais honesta seria sempre procurar logo a confrontação com o envolvido, mas isso também faria com que algumas coisas recebessem uma importância demasiada.

Claro que, se alguém divulga inverdades a seu respeito, chateando-o de verdade, você deve procurar ter uma conversa franca. Mas se alguém o chateia por causa de um novo corte de cabelo ou dos seus sapatos novos, não vale a pena se irritar.

Se acontecem roubos na sua classe

Uma borracha, uma caneta bonita, um anel, algum dinheiro — se acontece cada vez mais com mais frequência de alguma coisa sumir da sua mochila, é fácil suspeitar que você não perdeu essas coisas, mas que se trata mesmo de roubo.

Isso ajuda: Fale claramente com a classe sobre suas suspeitas, sem citar nomes. É possível que alguns dos seus colegas também tenham sido aliviados de alguns pertences nos últimos tempos. O ladrão fica avisado de que seu comportamento foi notado. Se você tem uma suspeita concreta de quem roubou você e seus colegas, é preciso conseguir provas disso antes de acusar o suposto ladrão para o professor. Talvez você possa montar uma armadilha juntamente com algum colega, deixando, por exemplo, um anel sobre a mesa do professor. Fique de olho no "suspeito" e, caso ele aja, imediatamente peça explicações. Vocês devem, porém, evitar expô-lo nesse momento. Mantenha o trabalho de detetive discreto e tente descobrir por que os dedos do colega tornaram-se "ágeis demais". Talvez ele esteja apenas querendo chamar a atenção com seu comportamento. Ou ele está passando por problemas financeiros em casa e, mesmo assim, quer manter o mesmo nível material da classe. Evidente que isso não serve de desculpa para o ato. Mas você provavelmente poderá evitar que ele continue com seus furtos e poderá ajudá-lo melhor ao conhecer seus motivos.

Convivendo bem de verdade com todos

A melhor maneira para conviver em harmonia e aceitar o outro com seus defeitos é quando conseguimos avaliar bem as pessoas. Simplesmente porque sabemos com quem estamos lidando. Você com certeza já percebeu que existe uma clara definição de papéis em sua turma. Enquanto o líder garante a ação, outro funciona como um oásis de calmaria em situações de estresse. E uma outra pessoa tem a função de manter o astral em alta. Na sua classe, a situação é idêntica: seus colegas também assumem — assim como você — determinados papéis na turma da sala.

Isso é típico para as comunidades e garante que o convívio na classe seja harmonioso. Quanto mais você conhecer o microcosmo da classe e seus diversos personagens, melhor vai se sentir. Como uma classe é bem maior que uma turma, há um ou dois papéis em dobro. Talvez você logo descubra alguns colegas com os quais dá para levar uma ótima conversa e se divertir a valer, enquanto outros poderiam ser santificados de tão prestativos. Não devemos deixar de lembrar daqueles com os quais você sempre pode desabafar seus problemas e que, ao mesmo tempo, mantêm seus segredos fechados a sete chaves.

O trio dos perturbadores da classe

Claro, você também precisa lidar com alguns colegas que não "batem" com você num primeiro momento. Há pessoas que irritam só de olharmos para elas. Caso não existissem, porém, alguma coisa ficaria faltando, porque essas pessoas também têm seu lado bom.

O CDF

Este é o mais fácil de identificar, pois no primeiro dia de aula ele já tomou um lugar na primeira fileira, junto à lousa, esperando, bem-disposto e animado, pelo professor. Ele pare-

ce ficar na expectativa do recreio apenas para discutir a matéria da próxima semana com o professor, mesmo quando todos os outros já estão no pátio, conversando sobre os acontecimentos das férias. Nas provas, ele empilha, de propósito, uma porção de livros para que ninguém copie suas respostas. E na hora de uma pergunta difícil, quando a classe está mergulhada em silêncio, ele vai se manifestar com alegria, a fim de mostrar seu conhecimento único da melhor maneira possível. É lógico que, à primeira vista, o comportamento de um CDF autêntico não é nada animador.

Por que mesmo assim os CDFs são legais?

Às vezes um colega torna-se um CDF por pura insegurança. Na procura pelo papel certo na comunidade da classe, talvez ele tenha encontrado apenas esse único nicho, no qual pode se fazer ouvir pelos outros. Apesar disso, ele provavelmente deve gostar de estudar e não vê motivos para ficar escondendo o que sabe. Bons alunos logo ficam com o rótulo de CDFs e são evitados pelos colegas. Ao mesmo tempo, eles são espertos o suficiente para perceber isso. E, assim, não entendem por que devem ajudar os outros em situações difíceis ou nas provas. Por outro lado, quem se comporta de uma maneira simpática com os CDFs e não os trata com indiferença logo tirará proveito da situação. Muitas vezes basta um telefonema se você está estressado com a lição. Isso não apenas lhe garante a oportunidade de encontrar o caminho da resposta. Você pode usar a ligação para começar um pequeno bate-papo, que poderá continuar na classe no dia seguinte. Assim você não apenas fortalece a autoestima do CDF como também talvez tenha a possibilidade de enxergar por trás de sua fachada de superaluno e descobrir alguém que, na verdade, é muito legal.

O rei da classe

Se a palavra "maioral" não existisse, ele certamente a inventaria. Ele é o melhor, o mais importante e o mais legal e gosta de reunir um pequeno séquito à sua volta, que o admira incondicionalmente. Muito poucos ousam desafiá-lo e questionar sua imagem. Apesar disso, às vezes temos a sensação inconfundível de que estamos diante de alguém que apenas encena uma peça, a princípio totalmente irritante. Apesar disso, como ele consegue liderar todo o regimento da classe, de momentos de total animação a uma rebelião dos alunos? Simples: sua voz é a mais alta de todas, seus comentários não poupam ninguém nem nenhum assunto, aparecendo assim sempre em primeiro plano.

Por que os reis da classe são legais, apesar disso?

Vamos assumir: ele definitivamente conquistou o papel principal na sua novela escolar, mesmo se o aplauso não é sempre retumbante. Mesmo assim, sua criatividade para animar a classe não dá para ser subestimada. Quando o assunto é defender um colega, por exemplo, sua participação é sempre positiva. Ou evitar uma prova, pois a matéria ainda não foi dada integralmente. O rei da classe não faz apenas pose, ele alcança alguns objetivos se souber o roteiro a seguir. Nessa hora, ele até aceita alguns prejuízos próprios ao se engajar pelo outro. Evidente que o objetivo primordial é fazer com que os colegas admirem suas ações. Mas esse até que é um preço aceitável se ele conseguir alguma coisa em favor de alguém ou da classe, não é?

O palhaço da classe

Num primeiro momento, o papel de palhaço parece simpático. Ele garante a diversão constante, está sempre de bom humor e, para cada situação, tem uma frase engraçada na manga do colete. Mas numa determinada hora ele começa a irritar, geralmente quando seus comentários são dispensáveis. Afinal, nem tudo é sempre engraçado e chega o momento em que os colegas não se sentem mais levados a sério pelo palhaço. Independentemente disso, o comportamento dele muitas vezes traz problemas para a classe inteira, apenas porque o palhaço exagerou na dose e o professor resolveu responder com severidade.

Por que os palhaços da classe são legais, mesmo assim?

Quem tem um humorista autêntico na classe está com o astral das próximas festinhas garantido. O palhaço da classe garante a alegria e consegue animar com suas gracinhas mesmo a comemoração mais monótona. E, em princípio, é mais fácil aprender quando há alguma coisa para se rir de vez em quando. Mas, se o palhaço vai longe demais com seu número cômico, não é muito difícil trazê-lo de volta à realidade. Em geral basta um simples "agora vamos com calma" para freá-lo. De vez em quando, troque algumas ideias mais sérias com ele. Assim você vai fazê-lo entender que ele também é aceito mesmo se não for hora de diversão.

Entre a ficção e a realidade

Quem assumiu determinado papel no teatro da classe não precisa representar o mesmo personagem na "vida real". No momento em que a cortina foi abaixada, muitos alunos tiram suas máscaras escolares e transformam-se em pessoas totalmente normais. Isso acontece com muita frequência com aqueles cujos personagens não são lisonjeiros. Por causa disso, vale a pena examinar os bastidores de cada um dos seus colegas.

A melhor maneira de fazer essa checagem é num encontro casual depois da escola, quando vocês podem conversar um pouco. Talvez vocês descubram que têm interesses em comum, como o mesmo hobby, determinado esporte ou a preferência pelo mesmo gênero de cinema. A partir daí, é possível surgir uma nova e descompromissada amizade, que pode ajudar àquele que aparentemente está numa pior melhorar sua imagem junto aos colegas. Simplesmente porque uma declaração curta do tipo "Ele (ou ela) até que é legal" abre os olhos dos colegas e também os predispõe a enxergar melhor os outros.

Diversão, animação e amigos legais

Todos estão convocados na hora de garantir o alto-astral da classe! Claro que você não consegue ser amigo de todo mundo da mesma maneira. Mesmo assim você pode se sentir bem ao entrar na classe e se preparar para muita diversão com seus melhores amigos, os bons amigos e aqueles nem tanto. É normal haver algumas tensões às vezes, mas elas devem ser resolvidas e deixadas de lado o mais rápido possível. Afinal, é uma pena não conseguir fazer com que o tempo que vocês têm de passar juntos seja agradável. E muitas pessoas que, de início, olhavam para o colega de carteira com desconfiança encontraram ali um amigo para a vida toda.

Cinco dicas para um astral de primeira

Se nuvenzinhas pretas vivem flutuando sobre sua classe ou se vocês não têm nada para dizer entre si, isso não precisa durar para sempre. Muitas vezes bastam pequenas atitudes para melhorar consideravelmente o clima da classe. E, às vezes, é preciso apenas conhecer melhor os colegas para a convivência melhorar. Assim, logo vocês serão uma turma inseparável!

1. Não excluir os excluídos

Existe um excluído que vive sendo gozado pelos outros e que sempre é deixado de lado? Num encontro fora da escola você rapidamente poderá descobrir suas qualidades inerentes. Se um colega estiver dando uma festa em breve, convença-o a convidar também o excluído, dizendo que ele tem ótimos CDs para dançar ou que é simpático, mas infelizmente um pouco tímido. Integre-o também nos recreios, quando ele estiver sozinho mordendo sua maçã. Um simples "fique conosco" muitas vezes pode fazer milagres.

2. Dê boas-vindas aos CDFs

Se um dos seus colegas está sempre lutando na guerra das notas no *front* principal, isso não é nem de longe motivo para excluí-lo. Pelo contrário: é melhor convencer os outros colegas de que a ambição dele pode trazer vantagens aos não tão determinados. Afinal, não é nada mau contar com alguém na sala responsável por responder às perguntas complicadas dos professores. Isso mantém o astral até do estudante mais preguiçoso. Alunos brilhantes muitas vezes sentem-se inseguros em relação aos colegas, porque, por um lado, eles gostam de estudar e aprendem bem e, por outro, são espertos o suficiente para saber que isso nem sempre ajuda nas amizades. Reforce a autoestima do superaluno pedindo-lhe para explicar algum assunto da matéria que ficou confuso ou para dar algumas dicas para a próxima prova. Ao mesmo tempo, isso melhora a imagem dele perante a classe, porque sua disposição em ajudar será encarada positivamente pelos colegas.

3. Procure um mediador

Se a classe está estressada porque os colegas não se entendem, procure descobrir o motivo ao conversar com os galos de briga. Sugira que eles se sentem numa mesa com você como mediador, a fim de resolver as questões do conflito. A palavra mágica é mediação. Apenas sua presença já garante que os briguentos não fiquem se socando abaixo da linha da cintura ou se ofendam, fazendo com que eles aproveitem a chance de retornar sua comunicação num nível civilizado.

4. A força das festas

Festas da classe são perfeitas para proporcionar um bom clima entre os colegas. Assuma o planejamento do evento e forme equipes para cuidar das autorizações da diretoria, das bebidas, das comidinhas, da música e do entretenimento. Se você conseguir envolver todos os colegas na preparação da festa, os possíveis excluídos já estarão fisgados, porque eles também podem contribuir com suas sugestões e têm uma grande oportunidade para afinar sua sintonia com os colegas.

5. Programação de eventos

Tempo bom, ótimos filmes em cartaz, nova pista de skate — suas ideias para passar o tempo livre são bem-vindas. Pesquise entre os colegas quem está a fim de ir à piscina, assistir a um filme ou fazer algo pelo condicionamento físico. Evidente que nem todo mundo pode participar sempre. Mas, se alguns dos colegas passarem a se encontrar de vez em quando também fora do horário da escola, vocês vão ter muito mais a conversar. E talvez você descubra de repente que sua opinião sobre esse ou aquele colega estava errada.

Dicas rápidas para os tímidos

Aqueles que necessariamente não fazem parte dos "líderes" e que não estão tão interessados em estar na linha de frente das notas nem viver organizando programas — aqueles colegas mais para tímidos — também são importantes para o alto-astral da classe. Diversas vezes, algumas coisinhas dão grandes resultados muito rapidamente e sem fazer tanto alarde.

Dica rápida 1: Visão livre?

Você percebe que seu colega está esticando o pescoço em direção à sua prova? Cuidado, porque ser cúmplice também não é nada bom! As consequências podem ser tão cruéis quanto as do culpado. Depois chame seu colega e diga-lhe que não o deixou colar, mas que para a próxima prova ele pode contar com sua ajuda para estudar.

Dica rápida 2: Sorria

Não é necessário ir logo formando uma conferência caso haja alguém que se sinta excluído na classe. Muitas vezes é suficiente lançar um sorrisinho àquele que está sempre sozinho pelos cantos na hora do recreio. Isso em geral já o motiva a ir falar com vocês na hora em que se sentir seguro. Porque ele sabe que encontrou em você alguém que tem alguma ligação com ele.

Dica rápida 3: Não aos perturbadores

Se você faz parte daqueles mais quietos da sala, transforme essa característica em algo positivo. Simplesmente não participe da turma que fica importunando os outros e expresse claramente sua desaprovação pela mania de falar mal dos outros pelas costas. E como agir? Afaste-se quando as maledicências começarem. E, em breve, certamente alguém vai lhe dizer o quanto é legal você ficar de fora dessas atitudes desagradáveis.

Força total para sua classe

Você não está apenas engajado em construir um alto-astral na sua classe, mas também está motivado em manter esse clima? Defende os colegas que estão do lado fraco da corda? Reage contra as injustiças dos professores ou as decisões equivocadas da diretoria? Sem dúvida, você tem todo o perfil do representante de classe. Confie no seu taco e candidate-se às próximas eleições.

A função de representante de classe

As funções do representante de classe podem ser divididas em duas áreas: de um lado, ele deve atuar diretamente na classe e, do outro, participar ativamente do planejamento da vida escolar junto com os outros representantes.

Na classe

Você é a primeira pessoa a quem seus colegas recorrem quando há confusão na classe ou com os professores. Se um aluno não se dá bem com o professor, você consegue apoiá-lo, a fim de diminuir a carga explosiva do conflito. Você transmite os desejos, ideias ou críticas da classe toda aos professores e tenta ajudar na procura de soluções. Se for necessário, você pode ir falar com o orientador responsável pela classe. Na hora de pôr em prática as ideias dos colegas para atividades em conjunto, você é o responsável pela organização da turma. Ao mesmo tempo, com suas próprias sugestões, consegue motivar a classe a fazer algo em conjunto.

Trabalho em equipe

Os representantes de classe podem trabalhar em equipe no sentido de aproximar as condições da escola daquela desejada pelos alunos. É claro que isso vai depender da boa vontade da diretoria e do corpo docente; mas sempre vale a pena investir nos temas levantados pelos colegas. O grêmio escolar também é uma comunidade que pode trabalhar em conjunto com os representantes de classe. Dessas reuniões podem surgir ideias de atividades que integrem toda a comunidade da escola e, às vezes, até mesmo do bairro.

Você tem talento para representante de classe se...

...sua imagem na classe é boa e os colegas confiam em você.

...sabe se expressar bem e tem condições de defender um ponto de vista com clareza.

...está disposto a colocar os interesses da classe na frente dos seus próprios.

...está ciente de que vai usar parte do seu tempo livre para as funções de representante de classe.

...tem bom relacionamento com os professores.

Como se tornar representante de classe

Imite os políticos e desenvolva uma estratégia para os colegas elegerem-no representante de classe. O que você não deveria copiar dos políticos de verdade são comportamentos injustos, como a depreciação do representante atual ou a suposição de que você teria agido de maneira diferente ou tinha uma solução melhor para as situações delicadas. Por outro lado, é permitido debater com o representante atual, caso seus colegas não se sintam suficientemente representados por ele.

Se você se ativer a todas as regras do jogo, pode tranquilamente fazer propaganda pessoal. A seguir você descobrirá o que funciona nessa hora:

Mostrar interesse pelo cargo

Exponha, preferencialmente com antecedência, que você pode se imaginar representante de classe. Descubra se o representante atual tem interesse em continuar no cargo. Converse abertamente e com sinceridade sobre seu desejo de ser representante. Talvez também exista a possibilidade de formar uma equipe, ou comece primeiro por ser seu suplente, a fim de conhecer as tarefas.

Conquistar confiança

Mostre aos colegas que os segredos deles estão seguros com você. Como? Simplesmente não participando das provocações do dia a dia, inofensivas, nem tagarelando coisas que os outros lhe confidenciaram.

Fazer um trabalho de tradução

Descubra em conversas individuais ou com grupos maiores (ou até com a classe toda) o que se espera do representante de classe. Talvez você consiga iniciar um debate sobre o cargo durante a aula.

Trazer sugestões

Conte suas ideias aos colegas. Talvez sua sala esteja precisando urgentemente de uma nova demão de tinta e você pode tomar a iniciativa da ação de embelezamento. Você pode juntar as sugestões para a distribuição dos lugares nas carteiras e conversar com o professor a respeito disso. Espera-se que o representante sempre participe do planejamento de passeios ou excursões.

Jogo limpo na Educação Física

É incrível: se somos uns zeros à esquerda em inglês, matemática ou química, isso não tem qualquer efeito negativo sobre nosso prestígio na turma da classe. Gente sem aptidão esportiva, ao contrário, muitas vezes precisa aguentar gozações. Nem todo mundo é um ás no esporte e está no caminho para as Olimpíadas em se tratando de corrida, salto em distância ou ginástica. Não é de espantar que alguns alunos preferem passar longe do ginásio ou inventar as desculpas mais malucas para não participar da aula de educação física.

Às vezes, entretanto, há também motivos pessoais para evitar o programa de condicionamento físico da escola. Talvez na sua classe exista uma menina com problema de peso que não tem coragem de participar de atividades esportivas porque se envergonha de ficar de uniforme apertado na frente dos outros.

Também pode ser que o professor de educação física de vocês não seja dos mais sensíveis na hora de classificar os alunos e suas observações inadequadas conseguem constantemente machucar alguém ou transformá-lo em vítima de gozação. E naturalmente há as meninas que têm de lutar a cada quatro semanas com cólicas e simplesmente não estão em condições de fazer esforços físicos. Mas isso não é motivo para professores e alunos fazerem comentários maldosos ou engraçadinhos.

Ajude a proporcionar mais esportividade e jogo limpo nas aulas de educação física, para que ninguém se sinta excluído da comunidade da classe apenas porque é um pouco atrapalhado. Com essas dicas, sua classe vai se transformar numa superequipe também nos esportes.

Conflito entre professores e alunos

Se um dos seus colegas vive sendo ridicularizado pelo professor de educação física por causa de seu péssimo desempenho, você pode agir. Uma das maneiras é tomando partido da vítima quando o professor resolver voltar a soltar suas observações inadequadas. Outra é incentivando o colega a se defender. Você pode se oferecer para acompanhá-lo numa conversa com o professor. Dica: em caso extremo, busque o apoio do representante de classe e procure a coordenadoria pedagógica, que é o melhor interlocutor em momentos de conflito.

Cartão vermelho para os chatos

Se são os colegas que vivem perturbando alguém durante a aula de educação física, é hora de mostrar-lhes seu lugar. Explique aos outros que não há motivos para julgar alguém apenas com base em sua falta de aptidão física. Isso funciona melhor se você se ocupar de cada um dos importunadores individualmente e mostrar-lhes as consequências do comportamento deles. Afinal, acontece rapidinho de os outros alunos também se aliarem ao chefe dos importunadores e passarem, sem mais, a gozar do perna de pau. Você não tem coragem de falar diretamente com os importunadores? Não é problema. Se o professor de educação física for um cara legal, ele certamente o escutará. E você também pode se dirigir ao representante de classe e pedir ajuda.

1 a 0 para os excluídos

Se é hora de escolher os times para o campeonato durante as aulas de educação física, acontece de alguns colegas serem chamados sempre por último. O motivo: ninguém confia que eles possam fazer parte da equipe vencedora. Claro que ficar para o fim não ajuda em nada a autoestima dos envolvidos. Discuta o problema com seu professor de educação física ou com o representante da classe, pois por trás dessa atitude de exclusão não há nenhuma má intenção, apenas a vontade de estar no pódio ao final da competição. Talvez vocês consigam achar uma solução numa conversa franca. Ou você sugere que seja sempre o professor de educação física que vai escolher os times. O mais justo seria montá-los por meio de sorteio.

Escola, o lugar predileto

OK, é improvável que você adiante o despertador por meia hora todas as manhãs porque mal pode esperar para chegar à escola. Apesar disso, mesmo o estabelecimento de ensino mais sem graça pode se transformar rapidamente num lugar muito divertido. O equipamento certo, pensamento positivo e participação quase formam um tapete vermelho para que a diversão e muito agito embarquem na sua escola. Neste capítulo você encontrará muitas dicas divertidas de atividades para a sala de aula e o pátio do recreio que podem ser postas em prática num piscar de olhos.

A força dos intervalos

Bater papo com os amigos durante o intervalo é muito gostoso. Às vezes, porém, a coisa poderia ser mais animada. Ainda por cima, o pátio da escola se parece mais com um "estacionamento" de alunos desocupados. As coisas não precisam continuar assim. Procure alguns colegas de sua classe e juntem sugestões para uma arrumação mais transada do pátio. Talvez a administração da escola ou a diretoria possam organizar uma pesquisa com todos os alunos buscando ideias para um pátio mais colorido. Além disso, existe uma porção de coisas que podem ser feitas com relativamente pouco esforço, mas que permitirão que vocês gastem suas energias no recreio. Da cesta de basquete até um jogo de amarelinha ou alguns jogos de tabuleiro, tudo faz com que haja mais diversão nos intervalos. Entretanto, como custa algum dinheiro que as escolas em geral não têm, vocês precisam pedir uma ajuda à Associação de Pais e Mestres. Talvez consigam encontrar alguns patrocinadores entre os empresários que moram no bairro. Sempre funciona: uma feirinha ou festa na escola também garantem um bom dinheiro, se vocês disponibilizarem o lucro para a compra dos jogos para o recreio.

Piquenique escolar

É provável que seus pais já cuidam de um lanche saudável. Mas um piquenique com os colegas também sempre é bem-vindo. Combinem com seu professor um dia da semana ou do mês para todos os alunos trazerem lanche que garanta uma nutrição saudável para o cérebro. Pendurem uma lista na sala para que todos possam anotar com o que pretendem contribuir.

Astral de férias

Está certo, ninguém espontaneamente teria a ideia de viajar nas férias com seu professor. Mas, se há uma viagem escolar marcada, isso não precisa ser sinônimo de aborrecimento. Vocês podem garantir um astral positivo na medida em que participam da escolha do destino e dos preparativos da viagem. Assim evitam desde o começo que a excursão se restrinja a noites de artesanato e cantorias. Dividam-se em equipes de preparativos e descubram em quais lugares há passeios emocionantes. Vocês podem lembrar de opções usando um guia de aventuras e anotar tudo o que garanta a diversão perfeita de uma viagem, de escaladas a passeios de caiaque até a exploração de cavernas. Na classe, coloquem a "viagem dos sonhos" em votação.

Gravando

A opção de cursos extracurriculares da escola não parece muito atraente? Eis a chance para você dar suas próprias sugestões. Que tal um curso de vídeo? Provavelmente você descobrirá entre seus colegas atores e diretores candidatos ao Oscar, com os quais poderá trabalhar um roteiro para a própria minissérie da escola ou um filme de suspense escolar. Se a escola não dispuser do equipamento de vídeo, veja se é possível alugar os aparelhos contando com a ajuda financeira da Associação de Pais e Mestres (APM). Melhor ainda: que tal você perguntar se alguns pais ou mães se disporiam a emprestar suas filmadoras? Isso vale para qualquer curso extracurricular que você montar. Com um planejamento preciso do que vai acontecer no curso, não será difícil achar um professor adequado para a aventura.

Escola apaixonante

Meninas adoráveis, meninos adoráveis — na verdade, a escola é o lugar ideal para se apaixonar de verdade. Vantagem: você vê sua paixão quase todo dia e há muitas oportunidades para entrar em contato com ela, caso vocês ainda não se conheçam tão bem. Será que sua paixão está com falhas preocupantes em alguma matéria? Então ofereça-se para ministrar aulas particulares, e estará com um encontro marcado no bolso. Além disso, você encontra inúmeras oportunidades para flertar nas festas da escola ou no pátio do recreio.

Curso de beleza para a sala de aula

A sala de aula não precisa ser necessariamente a terra da desolação. É possível pintar as paredes e seus professores também vão gostar. Simplesmente porque eles dão valor ao engajamento dos alunos na hora de melhorar o clima de aprendizagem. E eles também sabem que um ambiente mais claro pode ajudar nisso. Combine com o professor responsável um horário especial para vocês pensarem sobre como "maquiar" a sala e torná-la mais bonita. Que tal um painel com fotos de todos os alunos, anotando embaixo delas a característica mais simpática de cada um? Também seria legal montar um cantinho de descanso para quando o tempo estiver ruim. Talvez vocês consigam liberar uma prateleira e cada aluno poderia trazer de casa revistas ou livros para serem folheados, caso o céu desabe novamente durante o recreio.

Uma ajudinha financeira

Uma viagem em um balão, uma excursão a um parque aquático, um dia num parque de diversões — certamente existem suficientes ideias emocionantes para a próxima saída da classe. Mas vocês não vão escapar de um passeio chato se a diversão tiver de ser limitada por causa das finanças. Infelizmente, algumas atividades requerem bom dinheiro. Para concretizá-las mesmo assim, você pode organizar com os colegas uma feirinha de objetos usados. Todos fazem uma arrumação nos quartos com a intenção de trazer dez objetos. O resultado da venda será destinado à caixinha da classe. Logo vocês conseguirão arrecadar um montante legal que vai ajudar na hora de planejar um passeio mais arrojado.

Amigo-secreto

Muita diversão com pouco esforço, a troca de presentes entre amigos-secretos já era uma receita conhecida inclusive pelos antigos suecos! Para eles, a brincadeira chamava-se *Julklapp* e consistia em presentear os amigos com pequenas lembranças — sem revelar o nome do presenteador, mas que deveria ser adivinhado no final.

Então, mãos à obra. Em dezembro sorteiem os nomes dos amigos-secretos e troquem muitos bilhetes divertidos até chegar a hora de matar a curiosidade. Combinem de antemão, sem falta, que os presentes não podem ultrapassar, por exemplo, dez reais — isso exercita a criatividade.

Na festinha de Natal da classe, é hora de adivinhar quem deu os presentes. Em seguida, na hora dos comes e bebes, vocês podem revelar o segredo.

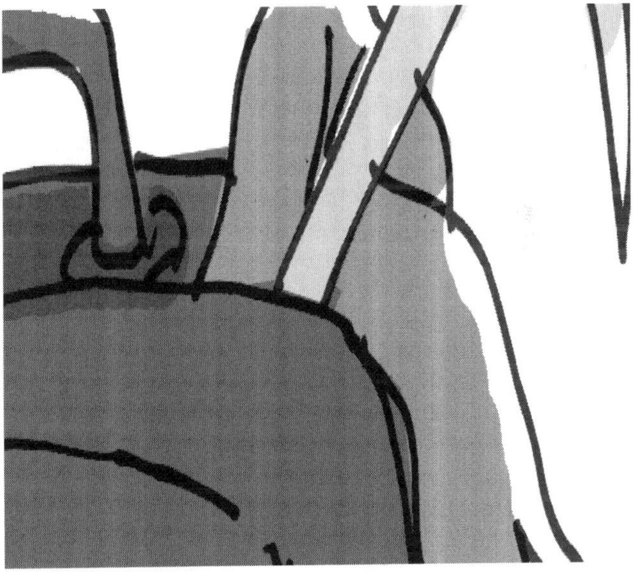

AB1-A

Primeiros socorros escolares

S.O.S. para as notas baixas

A escola é mais fácil para os que trabalham feito touros, têm a perseverança das formigas ou são conhecidos como "pés de boi". As notas altas não apenas os atraem como mágica, como também parece que eles aprendem a matéria sem esforço algum. Quem não tem tanta moleza assim na escola pode ficar com bastante inveja. Mas isso nem é o pior para os alunos que estão nos últimos lugares no ranking das notas. Muito pior são as reclamações constantes em casa por causa do boletim.

Amaciando os pais

As notas baixas conseguem: na verdade, já basta o seu professor estar de olho em você por causa do seu fraquíssimo desempenho nas provas e chamá-lo constantemente à lousa. Uma média insatisfatória, porém, ainda é motivo para confusão em casa. Afinal, seus pais também têm a contribuição deles a dar quando o assunto é sua ascensão nos degraus da carreira escolar. Não é de admirar, pois eles evidentemente estão interessados que você alcance uma boa média final para que todos os caminhos em direção à profissão de seus sonhos estejam abertos.

Por isso mesmo é tão difícil explicar aos pais e mães que simplesmente há momentos em que você não consegue se concentrar como deveria nas suas "responsabilidades" e que a escola acaba ficando meio deixada para escanteio. Talvez você esteja apaixonado e sua cabeça só tenha lugar para a amada, em vez de matemática ou inglês. Ou são os problemas na turma que necessitam de toda sua atenção. Até amigos com problemas podem consumir bastante os outros, de maneira que não sobra nem um minuto extra para aprender e você só consegue estudar o mínimo. Mesmo assim, você não deve ficar com a consciência pesada. Os intervalos no estudo são tranquilos, desde que você não deixe o buraco de aprendizagem resultante ficar muito grande. Se você marcar uma data-limite para conseguir recuperar as lacunas, é garantido que logo estará de volta a um bom nível de notas.

Além disso, você pode recuperar rapidamente uma nota baixa numa prova ao concentrar-se na matéria e arrasar na parte oral. Seus professores ficarão satisfeitos se você se ofere-

cer voluntariamente para apresentar seminários sobre o assunto ou participar com interesse durante as aulas. Vantagem para o cérebro: quem ouve e pensa pela manhã economiza uma porção de frustração à tarde, porque a base do trabalho duro do estudo já arranjou um lugarzinho fixo na memória.

Mas se você, mesmo assim, escorregar de vez em quando no tablado das notas, nem por isso precisa amargar, por ordens paternas, uma existência resumida à escrivaninha. Com um pouco de trabalho de persuasão você pode transformar o clima pesado de casa novamente num alto-astral.

Sentem-se, foi zero!

Esconder as notas baixas traz confusão. Talvez, dessa maneira, você tenha a chance de aproveitar ainda a festa no fim de semana com seus amigos. Mas, no fim das contas, sabe que o segredo podre das suas notas algum dia será descoberto. A coisa mais inadequada a fazer é esperar até que as notas se revelem por si só na reunião de pais e mestres ou no dia do boletim. Quanto mais tarde você confessar seu escorregão, mais provável será o acesso de fúria paterno. E não só porque eles estão decepcionados com seu desempenho na escola, mas também porque você não os informou de antemão. O que ameaça acontecer num caso desses é, se a situação estiver mesmo feia, toda uma lista de castigos horríveis.

Dica: junte toda a sua coragem e conte imediatamente o que aconteceu. Se o relacionamento com seus pais, em geral, é tranquilo, eles certamente não irão arrancar sua cabeça por causa das notas baixas e prendê-lo à escrivaninha até a próxima prova. A única coisa que você precisa esclarecer para eles é o fato de que você é a pessoa que está mais aborrecida com a avaliação abaixo da média. Assim você sinaliza uma promessa e a intenção de que as coisas precisam mudar. Em geral, apenas isso já é suficiente para que seus pais não o obriguem a passar o fim de semana estudando, mas mantenham a pista livre. Funciona perfeitamente se você de fato ligar o turbo ao estudar durante a semana.

Para os pais não levantarem o cartão vermelho na hora das notas

Não existe nada mais constrangedor do que trazer um recado do professor escrito no caderno de lição de casa. E as sirenes de atenção máxima também devem soar quando a coordenadoria pedagógica faz uma ligação para seus pais. Se eles o chamarem para que você se explique, é melhor não usar seu talento artístico. A sinceridade é a melhor saída, independentemente das reclamações do seu professor. Negar tudo e se retrair, fechando-se numa concha, só vai fazer crescer a desconfiança dos seus pais. É que eles vão partir do princípio de que a crítica do professor quanto ao seu comportamento ou às suas notas têm alguma consistência. E, se você resolver se manter turrão, é provável que seus pais façam o mesmo.

Dica: notas baixas, mau comportamento ou matar aula — numa conversa tranquila com seus pais, você conseguirá esclarecer quais os motivos para o azedume do professor. Talvez você tenha faltado a uma aula apenas porque se sente constantemente injustiçado por ele. Também é possível que com um pouco de ajuda você consiga voltar à média da classe quanto às notas. Juntos, vocês conseguirão desenvolver uma estratégia para você, no futuro, se sair melhor na escola.

Atenção: caso de início seus pais o encurralem, porque estão muito bravos, dê-lhes algum tempo para a poeira abaixar. Escute o que eles têm a dizer sem começar uma discussão. Em vez disso, peça para conversar sobre o assunto com calma, no dia seguinte.

Aprovação em perigo!

Essa é talvez uma das piores notícias na vida de um aluno. As notas estão todas na zona vermelha e os professores parecem sentir grande prazer em fazê-lo repetir de ano. Choque total! E provavelmente não só para você, mas também para seus pais, que não estão preocupados apenas com o seu futuro. Eles também podem estar constrangidos por ter de admitir que o filho precisa repetir de ano. Não é de admirar o fato de uma repetência gerar longas discussões com avó, avô e tias, que encherão seus pais de conselhos do que precisa ser mudado, sem falta, na educação do neto ou sobrinho. As consequências podem ser desagradáveis também para você. Talvez eles esperem que você ainda alcance os objetivos da série, seja lá de que modo. Dessa maneira, nas semanas que antecedem o boletim, as chances de você se divertir no esporte ou com os amigos cairão muito rapidamente em direção ao zero.

Dica: prepare seus pais com antecedência para as novidades. Fale abertamente dos seus medos. Assim, você rapidamente acalma os ânimos deles. Cheios de raiva e perdidos, alguns pais acusam os filhos de terem falhado na escola de propósito. Por isso, explique a eles que você está consciente das consequências da não aprovação. E que elas são tão pouco animadoras quanto suas notas. Diga-lhes que você não acha legal ter de fazer novos amigos e, no pior dos casos, perder o contato com a turma atual. Explique-lhes ainda que nenhum aluno quer voluntariamente ficar estudando um ano a mais. Afinal, todos querem acabar a escola o mais rápido possível.

Além disso, sugira aos seus pais uma reunião com seus professores. Assim vocês podem descobrir o quão realistas são suas chances de ainda conseguir ser aprovado para a série seguinte e quais os requisitos necessários para isso. Se você definir juntamente com seus pais que vai continuar patinando na escola, na esperança de ainda conseguir passar de ano, ou que você vai repetir para repassar a matéria da série com calma, não se afaste nem um milímetro do combinado. Ambos têm vantagens e desvantagens: talvez uma nova classe traga perspectivas de novos amigos e novas brincadeiras. Ou, quem sabe, talvez você realmente consiga preencher as lacunas de aprendizagem e ser aprovado. E, de uma maneira ou de outra, sempre é possível dar uma virada e iniciar uma carreira de aluno brilhante.

Como conseguir seus objetivos, mesmo assim

Com boas notas, você consegue persuadir seus pais a quase tudo: ter permissão para ficar na festa até depois da meia-noite, receber um dinheiro para uma roupa nova ou ganhar um ingresso a mais para o cinema. Mas se as coisas não vão tão bem na escola e você está mais para um aluno mediano, isso está longe de significar que você precisa abrir mão das recompensas.

Poder positivo

Seus pais não vibram como os ganhadores da loteria se você volta para casa com um 5? Não há problema, se você mesmo ficar extremamente feliz pela nota. Coloque-se no lugar de um aluno que tirou 10 e conte aos seus pais, radiante, que a nota é realmente muito boa, porque você estava esperando algo bem pior.

Trabalho árduo

Você não precisa logo repetir de ano só porque se permitiu uma leve piorada nas notas. Explique aos seus pais que você mesmo está muito chateado com as notas vermelhas. E se, ao mesmo tempo, começar a estudar um tanto a mais, são grandes as possibilidades que algum pequeno desejo lhe seja concedido. Simplesmente porque assim você tranquiliza seus pais, sinalizando-lhes que quer melhorar de verdade. Lembre-se de que agora é questão de honra! Não se afaste nem um milímetro do combinado!

Informação total

Pare de entrar escondido no quarto na hora de estudar. É melhor informar detalhadamente aos pais sobre cada segundo que você está sentado à escrivaninha. Converse com eles sobre os temas que foram tratados na aula no dia. Peça ajuda caso tenha alguma dúvida. Relate os acontecimentos da escola que o agradaram. Se você transformar seu desempenho escolar num tema de conversa da família, logo passará a impressão de que estuda muito mais que os outros e que leva a escola a sério.

Trocar de escola ou ficar?

Mudar logo!

Você deveria pensar em mudar de escola...

...se suas notas em diversas matérias estão lá embaixo faz tempo.

...se você todos os dias sofre para ir à escola com dor de barriga porque, apesar do estudo, não consegue se dar bem.

...se a quantidade de matéria que você tem de dar conta forma montanha do tamanho dos Alpes na sua frente.

...se você está constantemente de mau humor porque se sente extremamente pressionado pela escola.

...se a escola é o ponto de discórdia principal da família e o motivo de brigas constantes.

...se você, apesar de aulas de reforço, não enxerga possibilidade de notas melhores.

Fique onde você está!

Não é necessário mudar de escola...

...se seu boletim mostra que você está passando por um momento ruim passageiro.

...se você mesmo sabe o motivo de suas notas ruins: pouco trabalho e não comprometimento.

...se você não tem receio de ter de recuperar o que não conseguiu reter com ajuda de aulas de reforço.

...se seus professores o incentivam a continuar. Eles são os que melhor sabem de suas qualidades.

...se você tem o firme desejo de modificar alguma coisa e realmente consegue concretizar isso com uma maneira pessoal de estudar.

...se você está no fundo do poço em no máximo duas matérias. Apenas quem não coleciona notas baixas como outros colecionam *cards* do Yu-Gi-Oh! consegue superar lacunas de estudo.

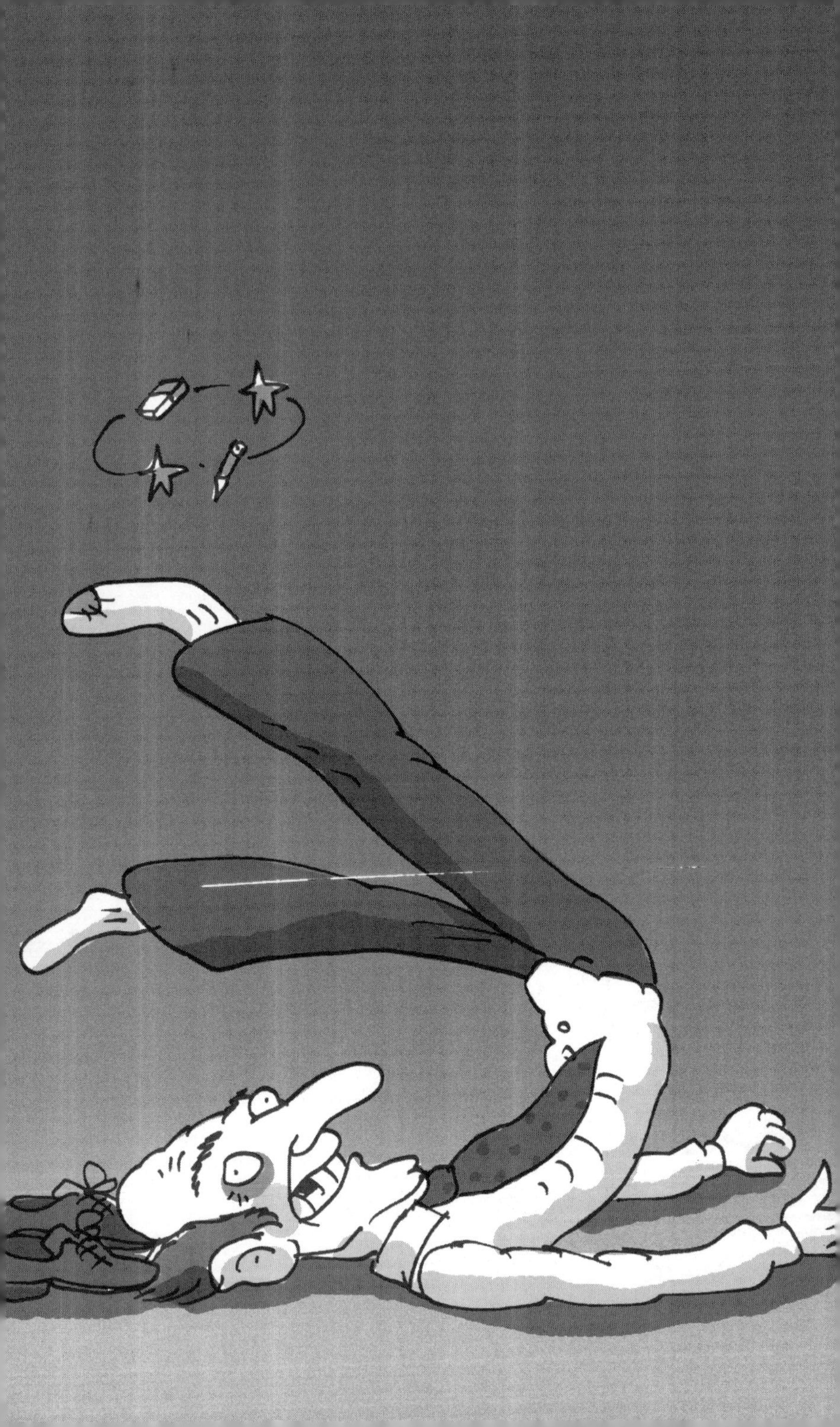

De bate-pronto

As melhores desculpas

Professores são seres razoáveis — em geral, a maioria deles. Se lhes explicamos direitinho, geralmente eles são capazes de entender por que não fizemos a lição ou não conseguimos chegar em tempo para a primeira aula. Só depende da qualidade da sua desculpa. E ela pode ser tudo, menos o lugar-comum! Se você, por natureza, não é rápido nas respostas, nunca se deixe pegar despreparado.

Sempre a desculpa certa

Esquecer a lição, chegar atrasado, ser flagrado colando... É provável que a desculpa certa fará a bronca parecer menos dramática. Para dar uma boa desculpa, você deve lembrar de duas coisas: ela deve ser não apenas inteligente e misteriosa, mas, na medida do possível, também divertida. Quanto menos esfarrapada for sua desculpa, mais verdadeira ela soará. E se conseguir arrancar risadas não somente dos colegas, mas também do professor, você já terá vencido.

Mas preste atenção para nunca esquecer de usar a sensibilidade ao confrontar o professor com uma desculpa. Não exagere suas histórias fantasiosas, pois senão ele pode se sentir ofendido e, por isso mesmo, aplicar-lhe um castigo para valer. Se você se meteu numa boa encrenca, talvez uma desculpa engraçada não seja a melhor saída. Pense, caso a caso, se não seria melhor logo dizer a verdade. E, às vezes, uma meia verdade é o melhor caminho para as suas necessidades. Para isso, você precisa apenas "maquiar" um pouco a realidade e a desculpa perfeita aparece.

As melhores desculpas para os atrasadinhos

"Desculpe, mas minha mãe se esqueceu de trazer meu café da manhã na cama."

"Por causa do absurdo e da indiferença da vida manifesta-se em minha constituição psicofísica uma dominância absoluta de sintomas negativos em relação à necessidade do cumprimento do horário do começo das aulas."

"Sinto muito por ter chegado atrasado, mas a folhinha do meu calendário não estava picotada."

"Cheguei tarde porque o Ministério da Educação me ligou para uma pesquisa. Eu demorei muito para listar todos os professores fantásticos que trabalham na escola."

"Perdão, mas eu estava em prisão domiciliar."

As melhores desculpas para os esquecidinhos

"Eu não consegui achar meus chicletes, e eles são indispensáveis. Um estudo científico provou que o cérebro funciona melhor quando a gente masca chiclete."

"Eu fiz a lição. Mas infelizmente usei a tinta mágica da minha irmãzinha. Agora a folha está novamente em branco. A senhora quer vê-la?"

"Minha calculadora é movida a energia solar. E ontem à tarde choveu, infelizmente."

"Certamente a senhora nunca iria punir alguém por algo que não fez. Sim, e eu infelizmente não fiz minha lição."

"Eu pensei que a aula de matemática fosse a próxima. Até lá eu teria conseguido fazer a lição."

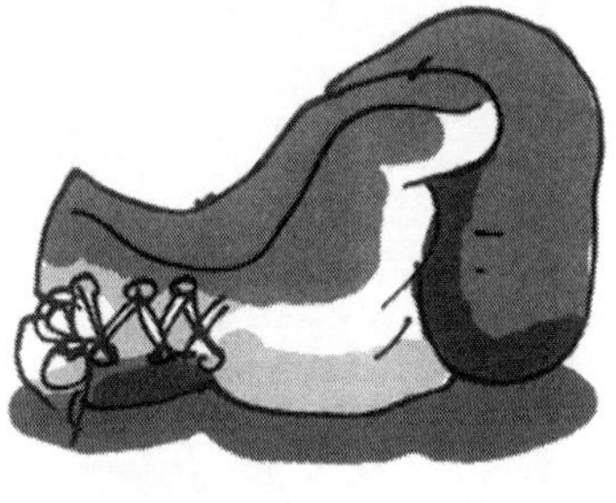

As melhores desculpas para os coladores

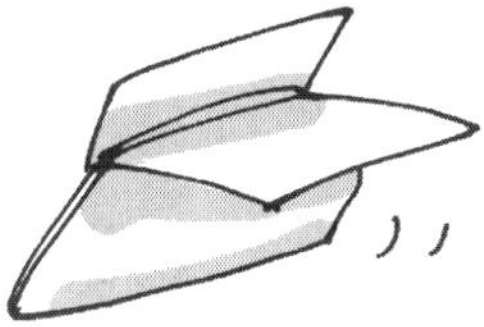

"Provavelmente foi o vento que trouxe o papelzinho da cola até aqui. Eu sempre digo que passa uma corrente de ar por aqui."

"Eu estava querendo trazer o livro até a frente, para ajudá-la na correção."

"Pensei a respeito. Está provado cientificamente que a gente se sai melhor quando olha para a esquerda (direita)."

"Eu queria apenas saber se meu vizinho tinha acertado todas as respostas."

"Eu não trapaceei, apenas modifiquei a verdade."

Pondo as barbas de molho

Não permita mais que os professores super-rígidos acabem com seu bom humor! Mesmo se você não trouxe novamente a lição de casa ou chegou atrasado três vezes na semana. Antes de os xingamentos começarem a trovejar, simplesmente feche os olhos e comece a passar o filme "Professor em calção de banho" ou "Professor com roupa de palhaço" no seu cinema mental. Dessa maneira, você não se sentirá mais constrangido em explicar ao mestre suas desculpas mais que fantasiosas.

O grande final...

Na verdade, agora você já sabe como sobreviver à escola com facilidade e de um modo divertido, mesmo se não fizer parte da elite estudantil da classe. Mesmo assim, caso precise em algum momento de um aconselhamento externo, a seguir estão algumas indicações que certamente vão ajudá-lo.

Os psicopedagogos

Você pode procurar alguns psicopedagogos, que são profissionais especializados em ajudar crianças e adolescentes nas suas eventuais dificuldades no seu percurso escolar. A Associação Brasileira de Psicopedagogia mantém em seu site, www.abpp.com.br uma listagem com os psicopedagogos reconhecidos.

Programa Ética e Cidadania

Procure informar-se sobre o "Programa Ética e Cidadania" da Secretaria de Educação Básica do Ministério da Educação, que tem como objetivo contribuir para a redução da violência entre crianças, jovens e adolescentes do país. Acesse htt://portal.mec.gov.br/sec e vá para a seção "Programas".

Alguns contatos para ajudar você a se sentir mais preparado para lidar com os problemas de violência escolar:

• Clínica de Psicologia da Universidade Metodista:
Site: http://www.metodista.br/psicologia2/clinica-de-psicologia/
E-mail: nepap@metodista.br
Tel.: (11) 4366-5359 ou (11) 4366-5358

• Clínica de Psicologia da FMU:
Site: http://www.fmu.br/site/graduacao/ler.asp?dir=psicologia&pg=clinica
E-mail: triagem.psico@fmu.br
Tel.: (11) 3842.5377 ramal 2316

• Instituto de Psiquiatria do Hospital das Clínicas
Site: http://www.hcnet.usp.br/ipq/
E-mail: rpublicas.ipq@hcnet.usp.br

• Sociedade Brasileira de Psicanálise
Site: http://www.sbpsp.org.br/
E-mail: secretaria@sbpsp.org.br
Tel.: (11) 2125-3777

• Clínica de Psicologia da PUC
Site: http://www.pucsp.br/clinica/
Tel.: (11) 3670-8040

• Clínica de Psicologia da Universidade Ibirapuera
Site: http://www.ibirapuera.br/portal/quem_clinica_psicologia.php
E-mail: clinicapsicologia@ibirapuera.br
Tel.: (11) 5044-0183 e (11) 5049-2138

Escola em movimento

Se faltam ideias para colocar ânimo novo no cotidiano monótono da escola, visite a página www.labrimp.fe.usp.br, um inventário de jogos e brincadeiras tradicionais infantis do Brasil. A princípio, é um site para professores, com muitas dicas para deixar o ensino mais divertido: de sugestões para o recreio até passeios escolares. Mas os alunos também podem visitá-lo, é claro. Que tal vocês analisarem as sugestões juntamente com seu professor?

Trocar de escola

Se você está realmente cheio da sua escola e gostaria de trocar de estabelecimento de ensino, talvez um intercâmbio seja exatamente o que você esteja precisando. Além disso, inúmeras organizações oferecem programas de intercâmbio de alunos, durando de poucas semanas a um ano. As possibilidades podem ser analisadas, por exemplo, por intermédio do departamento cultural de diversas embaixadas ou consulados de países estrangeiros, por exemplo www.sao-paulo.diplo.de no caso da Alemanha, www.eda.admin.ch/brasilia para a Suíça, www.austria.org.br para a Áustria.

Para não pagar outros micos,
conheça também...